# THÜRINGEN
*sehen & erleben*

# THÜRINGEN

Fotografie: Heinz Wohner
Text: Ingrid und Lothar Burghoff/Herbert Weißhuhn

Südwest

# Inhalt

*Impressionen aus Thüringen. Die Aufnahmen auf den Inhaltsseiten zeigen im Uhrzeigersinn das Eisenacher Rathaus (oben), den Garten von Schloß Burgk, eine Landschaft im Thüringer Becken, eine Statue aus dem Tiefurter Schloß bei Weimar und ein Szenenbild aus der Puppensammlung »Mon Plaisir« in Arnstadt.*

*Die Abbildung auf Seite 1 zeigt das Goethe-Schiller-Denkmal vor dem Deutschen Nationaltheater in Weimar. Auf Seite 2 ist Schloß Altenburg zu sehen.*

*Panoramablick über die Höhenzüge des Thüringer Waldes. Im Tal der Schwarza liegen die Häuser von Schwarzburg im Schatten des gleichnamigen Schlosses, das über ihnen auf einem Bergkegel thront. Die Stadt war seit dem Mittelalter Sitz eines mächtigen Grafengeschlechts. Heute ist der beliebte Erholungsort Ausgangspunkt zahlreicher Wanderrouten in das umliegende Naturschutzgbiet.*

*Ländliche Idylle bei Bad Frankenhausen. Die grünen Wiesen der »Diamantenen Aue« werden seit dem frühen Mittelalter landwirtschaftlich genutzt. Wo heute friedlich die Schafe grasen, führte 1524 Thomas Müntzer die aufständischen Bauern und Tagelöhner in eine Schlacht gegen das Heer der adligen Grundherrn.*

*Abseits der Autobahnen und Touristenziele liegt das Landschaftsschutzgebiet Fahner Höhe. Nicht nur die Windmühle, die Zeit selbst scheint stehengeblieben zu sein in dem alten Bauernland um den kleinen Ort Ballstädt.*

*Der bedeutende sächsische Baumeister Johann Christoph Knöffel lieferte den Entwurf für Schloß Heidecksburg, eines der prunkvollsten Barockschlösser Deutschlands. Von dieser noblen Residenz aus regierten die Fürsten von Schwarzburg-Rudolstadt ihr kleines Territorium. Der barocke Turmaufbau krönt die langgestreckten Schloßflügel, in denen heute eines der großen staatlichen Museen des Landes Thüringen untergebracht ist.*

# *Begegnung mit Thüringen*

***Herbert Weißhuhn***

*Inmitten herrlicher Parkanlagen auf dem Festungsberg in Gotha liegt das Residenzschloß Friedenstein. Der dreiflügelige Bau ist das größte deutsche Schloß des 17. Jahrhunderts. Unter der mächtigen Haube des Ostturms befindet sich die Bibliothek mit seltenen orientalischen Handschriften und das kostbare Münzkabinett.*

Sehen und erleben – das sind zwei Stufen, in denen sich eine Landschaft erschließen läßt. Sie zu sehen bedeutet, ihre Schönheit und Besonderheit mit den Sinnen aufzunehmen. Eine Landschaft zu erleben geht noch darüber hinaus: Da muß man hinter das Wahrgenommene blicken, ein Stück in die Tiefe graben und versuchen, die innere Prägung des Landes zu erfassen.
Ich möchte Sie im folgenden durch Thüringen führen, damit Sie es wirklich erleben können, nicht allein in seinen zahlreichen hervorragenden Sehenswürdigkeiten, sondern auch in seinen verborgenen Winkeln, wo es so viel Eigenartiges, Schönes und auch Seltenes zu entdecken gibt.

## *Die Landschaft*

Thüringen – das ist zuerst einmal eine Landschaft, die man gern als das »Grüne Herz Deutschlands« bezeichnet. Das ist es auch, aber so ganz trifft dieses schöne Bild eben doch nicht. Wer allerdings im Frühjahr den Flughafen Erfurt ansteuert und dabei das Land von oben sieht, der wird es bestätigt finden: Thüringen ist grün, in den unterschiedlichsten Schattierungen. Die lichte Farbe der Laubwälder mischt sich mit den dunklen Tönen der Fichten, in der Ackerebene beginnen die Saaten und Wiesen kräftig zu grünen.
Doch schon wenig später im Jahr ändert sich das Bild: In das Grün mischen sich bunte Farben. Zuerst das strahlende Gelb der Rapsfelder, später der gedecktere Ton der Getreideschläge, und schließlich setzt der Naturmaler Herbst mit den flammenden Farben der Laubwälder neue Akzente. Von den Städten und den Industriegebieten, die es in Thüringen auch in reichem Maße gibt, ist bei diesem Farbenspiel noch nicht einmal die Rede gewesen, aber auch die dürfen nicht unterschätzt werden.

### Im schönsten Wiesengrunde

Der Thüringer Wald ist der bekannteste Teil des Landes. Er erstreckt sich über mehr als hundert Kilometer von Nordwesten nach Südosten, von Hörschel an der Werra bis nach Blankenstein an der Saale. Was sich auf den ersten Blick als geschlossener Gebirgszug darbietet, das sind in Wirklichkeit zwei verschiedene Gebirge mit ganz unterschiedlicher Struktur. Der eigentliche Thüringer Wald im Norden ist ein relativ schmaler Kamm mit ziemlich steilem Abfall nach beiden Seiten, an ihn schließt sich nach Südwesten das Thüringer Schiefergebirge an, eine breite Scholle mit starkem Anstieg von Süden, während die Nordrampe sich gemächlicher hebt. Auch die Bewaldung ist hier nicht so dicht wie im Norden. Über beide Gebirge zieht sich der »Rennsteig«, wohl der bekannteste Kammweg Deutschlands, mal als schmaler, wurzelreicher Waldpfad, mal als steiniger Wanderweg, mal als Fahrstraße. Woher er seinen Namen hat, das vermag keiner genau zu sagen (zumal es auch anderwärts »Rennwege« oder »Rennsteige« gibt). Daß er so berühmt geworden ist, verdankt dieser seit dem Mittelalter bekannte Pfad den Männern, die kurz nach der Jahrhundertwende einen Rennsteig-Verein gründeten, den Weg nicht nur erforschten und ins Gespräch brachten, sondern ihn auch einmal im Jahr in einer Tour von fünf bis sieben Tagesmärschen selber beschritten. Das war für die damalige Zeit durchaus nicht alltäglich. Sie haben aber damit erheblich dazu beigetragen, daß der Thüringer Wald eines der beliebtesten Feriengebiete geworden ist. Seine Wälder sind nicht so dunkel und herb wie die des Erzgebirges, seine Berge und Täler nicht so dramatisch bewegt wie die des Harzes – um bei benachbarten Mittelgebirgen zu bleiben –, sondern alles ist lieblicher, freundlicher. Wer solche blühenden Wie-

*Ein Symbol deutscher Geselligkeit ist die Tanzlinde in Effelder. Zur Kirmes traf man sich einst unter der mächtigen Baumkrone zu Walzer und Polka.*

sentäler, umrahmt von Fichtenwäldern, wie den Spittergrund bei Tambach oder das Schortetal bei Ilmenau gesehen hat, der versteht, warum das Lied »Im schönsten Wiesengrunde« als die heimliche Hymne des Thüringer Waldes gilt. Doch auch kräftigere Töne vermag der Thüringer Wald anzuschlagen. Da gibt es Felsenpartien, auf die der vielstrapazierte Begriff »wildromantisch« tatsächlich zutrifft, wie die tropfnaßdüstere Drachenschlucht bei Eisenach oder das freundlichere Felsental am Fuße des Inselsberges. Das Schwarzatal sollte man flußabwärts befahren oder besser erwandern, dann hat man das schönste Stück mit den steilen Seitenwänden zuletzt vor den Augen, jenes Stück, das selbst einen so pessimistischen Mann wie Arthur Schopenhauer zu Hexametern begeistert hat.

### Ein Moor auf dem Gipfel

Der höchste Berg ist nicht der markanteste. Diesen Rang kann keiner dem Inselsberg streitig machen – nicht bloß wegen der Gebäude auf seinem Plateau, durch die seine Silhouette so unverkennbar wird. Recht unscheinbar ist dagegen der höchste Berg des Thüringer Waldes, zumal er von mehreren, nur wenig niedrigeren Gipfeln umgeben ist. Dafür bietet der Große Beerberg eine besondere Seltenheit: Auf seiner Kuppe breitet sich ein Hochmoor aus, das unter Naturschutz steht. Immer wieder, wo man auch wandert, gibt eine Schneise, eine Wiese den Blick frei auf eine noch ursprünglich wirkende Landschaft, im Norden auf ein bewegtes Meer von Fichtenwäldern, aufgelockert durch Buchen und da und dort durch die Dächer eines Dorfes, im Süden auf die eher sanft geneigten Flächen des Nordabfalls mit offenen Wiesenflächen, über die in Kammhöhe der Wind zuweilen kräftig weht, oder über das Werratal zu den Gleichbergen und bis ins Grabfeld.

Dort, ziemlich weit im Süden, steht bei Siegmundsburg am Rennsteig ein »Dreistromstein«. In dessen Nähe entspringen mehrere Bäche, von denen die einen über den Main in den Rhein, andere über die Schwarza und Saale in die Elbe und wieder andere über die Werra in die Weser fließen. Denn der Thüringer Wald ist auch eine Wasser- und Wetterscheide. Ob die Wolken nun aus Südwesten kommen, wie meist im Sommer, oder aus Nordosten, wie häufig im Winter – an dieser Barriere wird ihnen ihre Last zu schwer. Davon profitieren im Sommer die Trinkwassertalsperren beiderseits des Kammes, die zum Teil durch Stollen miteinander verbunden sind, und in der kalten Jahreszeit ob des vielen Schnees vor allem die Wintersportler. Denn der Thüringer Wald hat dann seine große Saison. Tief verschneite Wälder, durch Schnee und Rauhreif zu skurrilen Figuren verwandelte Bäume locken Tausende auf die Wege und Pisten.

Wer dann an einem Tag, an dem das meteorologische Phänomen der Inversion herrscht, den Inselsberg ersteigt, der kann in weiter Ferne im strahlenden Sonnenlicht wie am Himmel schwebend über dem kalten Nebelmeer den Brocken erblicken.

Doch dürfen wir nicht schon beim Thüringer Wald stehenbleiben, wenn wir uns in ganz Thüringen umsehen wollen. Wie ein Kranz liegen andere, bescheidenere Bergzüge um die weite Ackerebene, die den Mittelpunkt Thüringens bildet. Namen wie Hainleite und Hainich deuten darauf hin, daß diese Höhenrücken meist mit lichtem Laubwald bestanden sind – der berühmteste unter ihnen ist der Kyffhäuser. Ein nur zwölf Kilometer breiter Klotz ragt da etwa 200 Meter aus der flachen Landschaft in die Höhe – aber welche Fülle an Geschehnissen und Geschichten ballt sich um diesen Berg zusammen! Wir werden davon später noch zu berichten haben.

*In den engen und verwinkelten Gassen der denkmalgeschützten Innenstadt von Schmalkalden finden Autos nur wenig Platz.*

### Im Kranz von Bergen

Das Thüringer Becken, das diese Bergzüge einschließen, ist alles andere als eine langweilige Landschaft. Ackerflächen und Auen wechseln mit Baumgruppen und Büschen, Kirchdörfern und kleinen Städten. Da und dort hat ein Bach oder ein Fluß sich ein sanftes Tal gegraben, so daß immer wieder eine bewegte Linie dem Auge Halt gibt. Begünstigt durch Boden und Klima, war diese Landschaft immer schon ein ertragreiches Bauernland. Vier Flüsse bestimmen in Thüringen das Gesicht der Landschaft mit. Nur einer von ihnen, der kleinste, durchquert das Thüringer Becken: Die Unstrut berührt auf dem Weg durch die Ackerebene die ehemalige Freie Reichs- und Hansestadt Mühlhausen und das alte Bad Langensalza. Dann aber durchbricht sie den Riegel der Berge an der »Thüringer Pforte« bei Sachsenburg. Ist nun das untere Unstruttal noch Thüringen oder nicht? Politisch gehört es zu Sachsen-Anhalt, aber historisch zu Thüringen. Lassen wir die Frage offen.

Auch südlich des Waldgebirges ist Thüringen. Die Sprachgrenze zwischen dem thüringischen Dialekt und dem, den die

*Beeindruckendes Zeugnis mittelalterlicher Frömmigkeit: die Ruinen der Benediktinerabtei Paulinzella.*

Südthüringer sprechen und der eher dem Fränkischen verwandt ist, liegt auf dem Kamm des Waldes. Aber als Thüringer haben sich die Leute hinter dem Walde immer verstanden. Dort fließt die Werra, die bei Fehrenbach am Rennsteig entspringt und sich bis zu ihrem Abschied von Thüringen bei Treffurt, nördlich von Eisenach, zu einem beachtlichen Fluß gemausert hat, einem Fluß allerdings, der schwer an industriellen Abwässern zu tragen hat. Von Hildburghausen über Meiningen bis Bad Salzungen wird ihr Tal immer breiter, ihr Fließen immer ruhiger – wenn nicht gerade Regengüsse am Südhang des Waldes niedergegangen sind. Dann allerdings gibt es zuweilen weitflächige, nicht ungefährliche Überschwemmungen. Weit gröber trieb es vordem die Saale, bis man in den dreißiger Jahren an ihrem Oberlauf, nahe Saalburg und nahe Saalfeld, zwei riesige Sperrmauern errichtete. Die tiefen Veränderungen, die die Landschaft dadurch erlitt, hat die Natur längst geheilt. Nur zwischen den beiden Stauseen, bei Schloß Burgk und bei Ziegenrück, kann man noch erahnen, wie dieses tief eingeschnittene Saaletal einst ausgesehen haben mag. Die Bleilochtalsperre hat das größte, die Hohenwartetalsperre das drittgrößte Fassungsvermögen auf deutschem Boden. Auf diesen Stauseen, die ja nicht der Trinkwasserversorgung dienen, hat sich längst ein reges Freizeitleben entwickelt mit Schiffsverkehr, Campingplätzen, Feriendörfern und leider auch einer zum Teil recht auswuchernden Zersiedlung. Diese künstlichen Gewässer sind aber groß genug, um demjenigen, der Erholung in der Natur sucht, immer noch ausreichend Raum und Wasser zu bieten – von dem, was die Saale in ihrem weiteren Lauf noch alles zu sehen bekommt, wird noch die Rede sein. Schließlich ist da noch die Weiße Elster zwischen Greiz und Bad Köstritz – aber das ist nur ein kurzes Stück.

## Fließende Grenzen

Hier wird die gleiche Frage laut wie bei der Unstrut: Gehört denn Greiz noch zu Thüringen? Wie das die Geschichte zwangsläufig so mit sich bringt, decken sich die heutigen Grenzen des Landes Thüringen nicht überall mit alten Sprach- und Stammesgrenzen oder früheren Territorialgrenzen. Greiz zum Beispiel war ursprünglich Sitz der Vögte, von denen das Vogtland seinen Namen hat. Coburg dagegen gehörte bis 1920 zu Thüringen. Erfurt, die jetzige Landeshauptstadt, zählt erst seit 1944 zu Thüringen. Die Altenburger und Schmöllner haben sich jüngst wieder für Thüringen entschieden, nachdem sie durch die Gebietsreform der DDR 1952 zu Leipzig geschlagen worden waren. Zugleich bildet aber die gemeinsame Landschaft auch die Brücke zum Nachbarn – eben in der Sonneberger und Coburger Gegend, ferner nahe Eschwege, wo die Werra Thüringen mit Hessen verbindet, an der Unstrut, deren Unterlauf Schauplatz thüringischer Geschichte ist oder in der Rhön, in die sich Mainfranken, Hessen und Thüringen nachbarschaftlich teilen.

Ein ganz besonderer Fall ist das Eichsfeld im Norden von Thüringen, eine lebhaft bewegte Mittelgebirgslandschaft von ganz besonderer Eigenart, mit viel Laubwald, kargen Hochebenen, herbem Klima und einer eigenartigen, fast kaum entdeckten Schönheit. Das Gebiet gehörte zu Kurmainz, dann teilweise zu Hannover, schließlich zu Preußen. Nach dem Zweiten Weltkrieg trennte die Zonengrenze mit schmerzhafter Härte das Eichsfeld in zwei Teile. Die Eichsfelder in Thüringen haben in all den zurückliegenden Jahrzehnten ihre innere Bindung zum niedersächsisch gewordenen Nordeichsfeld mit einer Zähigkeit bewahrt, der selbst die Staatsmacht der DDR nicht gewachsen war. Der gemeinsame katholische Glaube bildete eine zusätzliche unlösbare Klammer. 1989 war dort die gewaltsame Grenze so schnell überwunden, als hätte es sie nie gegeben. Und so recht als Thüringer verstehen sich manche Eichsfelder auch heute noch nicht...

### Wo das Leben pulst

Berge, Wälder, Flüsse – gibt es denn in Thüringen keine Städte und Dörfer, keine Industrie? Thüringen ist sogar ziemlich dicht besiedelt, 190 Einwohner pro Quadratkilometer. Großstädte aber sind nicht so dicht gesät; nur Erfurt, Jena und Gera können als solche gelten, die beiden ersten mit gewichtiger Geschichte, alle drei mit beträchtlichem wirtschaftlichen Potential. Aber es gibt viele Mittel- und Kleinstädte von Charakter, teils einstige Residenzen, teils Ackerbürgerstädte, die einen gewissen Rang behaupten oder in ihrer Lage abseits als regionales Zentrum selbstgenügsam leben können. Die findet man vor allem in der Ebene – Buttstädt, Weißensee und Greußen seien als Beispiele genannt.

Die Industriezentren haben sich seit eh und je mehr an den Verkehrslinien orientiert. So sind sie in Eisenach und Jena, in Gera und Erfurt entstanden, auch jenseits des Waldes in Suhl, in Nordthüringen in Nordhausen, dazu kommen die bisherigen Standorte zur Gewinnung von Bodenschätzen: Kalibergbau im Werratal nach Hessen zu und im Wippertal zwischen Bleicherode und Sondershausen, sowie – als schweres Erbe jüngster Geschichte – der Uranabbau der Wismut-AG ostwärts von Gera.

Mit den Namen der Industrieschwerpunkte wurde eine der »Hauptschlagadern« Thüringens bereits markiert – sie wird noch einmal ins Bild treten, wenn von der Kultur in Thüringen zu berichten ist. Dennoch wäre es falsch, das Augenmerk nur auf diese prägnante Linie zu richten, zugegeben die attraktivste, was Verkehrsverbindungen, touristische Anziehungspunkte und wirtschaftliche Avancen betrifft. Wie an einer Perlenkette reihen sich Eisenach und Gotha, Erfurt, Weimar und Jena, schließlich Gera und Altenburg an einer Bahnstrecke, einer Bundesstraße und einer Autobahn auf – eigentlich aber an einem uralten Handelsweg.

Doch wenn wir schon Thüringen insgesamt betrachten, dann sollte man besser von einem (ungefähren) Doppelkreuz sprechen. Neben der »Hauptschlagader« verläuft in gleicher Richtung die Route südlich des Thüringer Waldes von Vacha über Meiningen nach Sonneberg. Und zwei wichtige Strecken bedienen die Nordsüdrichtung – die eine von Nordhausen über Erfurt und Arnstadt nach Meiningen, wo sie die Anbindung nach Würzburg findet, die andere im Saaletal über Jena nach Saalfeld mit dem Fernziel Nürnberg. Auch diese Streckenführungen folgen uralten Straßenverbin-

*Durch einen Blitzschlag ging die Kirche von Paulinzella zu Anfang des 17. Jahrhunderts in Flammen auf.*

*Detail des kunstvollen eichenen Chorgestühls von 1380 im Nordhäuser Dom. In den Zwischenwänden porträtierte der unbekannte Meister Heilige und Chorherren, die Kirchenväter und das Stifterpaar.*

dungen des Mittelalters: Wer von den Hansestädten über Regensburg nach Venedig wollte oder von Nowgorod über Leipzig nach Frankfurt, der kam hier vorbei. Die Pässe des Thüringer Waldes waren in alten Zeiten viel befahrene Verkehrswege, zuverlässiger Broterwerb für die »Blaukittel«, die Fuhrleute mit ihren Vorspannpferden. Sogar Einbahnverkehr gab es damals schon: Die Strecke von Crawinkel nach Oberhof wurde vormittags bergan und nachmittags bergab befahren.

## *Thüringens Landesgeschichte*

Ein Besucher der Wartburg klagt anno 1815 bei seinem Eintrag ins Gästebuch: »Man schaut ins Großherzogtum Weimar, Herzogtum Gotha, Meiningen, nach Hessen, man sieht den Himmel sich über Sachsen, Preußen, Bayern, Württemberg und Österreich wölben, – doch wo ist Deutschland?« Wir vermissen bei dieser Aufzählung allerdings das Nächstliegende: Der Mann blickt nämlich auf Thüringen. Aber der Name fällt in seiner Notiz nicht. Wer eine Karte aus dem Jahre 1755 zur Hand nimmt, der findet kein Thüringen, wer in einem Atlas der Zeit um die Jahrhundertwende sucht – Thüringen kommt auch dort nicht vor. Es sei denn, der Kartograph hat auf einer großräumigen Karte über einen kleinkarierten, wilden Flickenteppich mit dem Mut der Verzweiflung »Thüringische Staaten« geschrieben. Denn eine politische Einheit Thüringen hat es über Jahrhunderte hinweg nicht gegeben, nicht einer der Staaten des Landes trug diesen Namen.

### Früher Glanz

Einst war das Thüringerreich groß und stark. Sein Herrschaftsbereich reichte vom Harz bis zur Donau, ehe es 531 an der Unstrut von den Franken besiegt und erobert wurde. Im Jahre 724 gründete Bonifatius von Fulda aus das Kloster Ohrdruf, eine Keimzelle der Christianisierung Thüringens. Wenig später entstand dann das Bistum Erfurt, das allerdings sehr bald in dem Bistum Mainz aufging.

Von den Landgrafen, die in der von Karl dem Großen begründeten »Thüringischen Mark« herrschten, sind einige bis heute im Gedächtnis geblieben. Ludwig der Springer soll die Wartburg gegründet haben, die gegen Ende des 12. Jahrhunderts unter Landgraf Hermann I. zu einem Musenhof wurde. Der Sage nach hat in dieser Zeit der Sängerkrieg auf der Wartburg stattgefunden. Hermanns Leistung als Politiker wird von den Historikern ziemlich kritisch betrachtet, sein führende Rolle als Kunstmäzen ist unbestritten. Sein Sohn und Nachfolger, Ludwig IV., lebt in der Geschichte als Gemahl der Heiligen Elisabeth (1207–1231) weiter, jener ungarischen Königstochter, die, als Kind dem künftigen Landgrafen verlobt, ihm mit 14 Jahren eine liebevolle Ehefrau und später die Mutter seiner Kinder wurde. Die bis heute lebendige Verehrung der Thüringer erwarb sich Elisabeth durch ihre bedingungslose Nächstenliebe und ihre aufopferungsvolle karitative Tätigkeit für ihre Untertanen wie durch ihre Absage an Pracht und jeglichen höfischen Glanz, was eine Folge ihrer konsequenten Glaubenshaltung war.

Damals, am Ausgang des 13. Jahrhunderts, unter Ludwig IV. und seinem Nachfolger Heinrich Raspe, hatte Thüringen Gewicht in der Reichspolitik. Mit dem Tod Heinrich Raspes, des letzten Ludowingers, begannen jedoch endlose Erbstreitigkeiten. Die Markgrafen von Meißen wurden zugleich Landgrafen von Thüringen, wobei auch eine bis in die Gegenwart nachwirkende wichtige Entscheidung fiel: Hessen und Thüringen, die Ludwig IV. noch in einer Hand vereinigt hatte, wurden getrennt.

### Zersplittert und zerteilt

Das Hochmittelalter in Thüringen war bestimmt von immer wieder aufflackernden Machtkämpfen: Erst ein Thüringer Erbfolgekrieg, dann nach rund hundert Jahren der Thüringer Grafenkrieg, wiederum hundert Jahre später der Sächsische Bruderkrieg mit der endgültigen Teilung der Wettinischen Lande, zu denen Thüringen bereits gehörte. Die Albertiner-Linie regierte bis 1918 in Sachsen, die Ernestiner erhielten die thüringischen Ämter, Städte und Schlösser. Sie erbten und teilten, verpfändeten und erwarben, verloren und erheirateten, so daß es mühselig zu schildern und noch schwerer zu überschauen ist, wie oft, wo und wie sich Herzogtümer und Fürstentümer samt Grenzen, Residenzen und Potentaten änderten. Mal hieß es Gotha-Altenburg, mal Sachsen-Coburg-Gotha. Zu Sachsen-Weimar-Eisenach gehörte Jena. Das war aber zwischendrein zwölf Jahre lang ein selbständiges Herzogtum.
Die Schwarzburger teilten sich in Schwarzburg-Rudolstadt und Schwarzburg-Sondershausen. Die Rudolstädter hatten eine »Oberherrschaft« in Frankenhausen, die Sondershäuser eine »Unterherrschaft« um Arnstadt. Dazwischen lagen etwa 60 Kilometer »Ausland«. Und wenn der Minister Goethe von Weimar aus im Landesteil Eisenach nach dem Rechten sehen wollte, mußte er mit Erfurt und Gotha auch zwei »fremde Territorien« durchqueren. Dementsprechend waren die Dimensionen. Das Spottverschen »Schleiz, Greiz, Lobenstein könnten etwas größer sein« hatte schon seine Berechtigung.
Von den 27 Hofhaltungen und Regierungen, die man zu Beginn des 18. Jahrhunderts auf Thüringer Boden zählte – zwei freie Reichsstädte und vier »Fremde Herrschaften« kämen noch dazu – trug aber keine einzige den Namen Thüringen ...

*Innenansicht des Doms zum Heiligen Kreuz von Nordhausen. Das gotische Gotteshaus wurde in der wirtschaftlichen Blütezeit der Freien Reichsstadt errichtet.*

### Schauplatz der Geschichte

Mit dem Datum dieser Statistik sind wir der Zeit vorausgeeilt. Inzwischen hatte sich Geschichtsträchtiges in Thüringen ereignet, gespeist allerdings aus anderen Quellen als aus den Residenzen. Der Flächenbrand des Bauernkrieges war, angefacht durch die radikal-sozialutopischen Vorstellungen des Theologen Thomas Müntzer, auch in Thüringen aufgeflammt. Mühlhausen wurde das Zentrum mit seinem kurzlebigen »Ewigen Rat« und auf dem Schlachtberg bei Frankenhausen endete der Aufruhr – es war keine Schlacht, sondern ein Schlachten, das die Landsknechte der Fürsten dort unter den Bauern anrichteten.
Noch einmal rückte Thüringen ins Blickfeld der europäischen Geschichte. In der Schlacht bei Jena und Auerstedt am 14. Oktober 1806 besiegten Marschall Louis Nicolas Davout und Napoleon mit ihren modern ausgebildeten und durch die Fran-

zösische Revolution motivierten Truppen die preußische Armee, die seit der Zeit Friedrichs II. nichts dazugelernt hatte und obendrein miserabel geführt wurde. So jedenfalls sah es der junge Generalstabsoffizier August Graf von Gneisenau, der dabei war. Übrigens war die angebliche Doppelschlacht gar keine. Die Schlachtfelder liegen nämlich gute 15 Kilometer auseinander. Und die eigentlich entscheidenden Kämpfe hat Davout bei Auerstedt geführt. Aber bei Jena hatte Napoleon das Kommando, und deshalb zog die offzielle Geschichtsschreibung die beiden Schlachten zusammen, damit der Kaiser einen größeren Happen von dem Erfolg kassieren konnte.

Schauplatz deutscher Geschichte wurde auch jene kleine Thüringer Residenz, die sich freilich vordem schon auf geistigem Gebiet hervorgetan hatte. 1919 trat im Deutschen Nationaltheater in Weimar die Deutsche Nationalversammlung zusammen, um der ersten deutschen Republik ihre Verfassung zu geben. Motiv für diese Ortswahl war es allerdings nicht, dem Geist der deutschen Klassik Achtung zu bezeugen, sondern eine ganz praktische Überlegung: In diesem »Hort beamtischer Treue« – so die Begründung – sei es leichter, die Volksvertreter vor dem Volk zu schützen als in dem ständig gärenden Berlin.

### »Land Thüringen«

In dieser »Weimarer Republik« entstand 1920 das »Land Thüringen«, wurde der Name erstmals wieder seit dem Erlöschen der Landgrafenwürde zum Begriff für ein politisches Gebilde. Die Coburger allerdings optierten in einer Volksabstimmung für Bayern. Auch sonst gab es noch einige Löcher in dem Teppich. Nicht einbezogen werden konnten damals auch die Gebiete, die, zumeist infolge des Reichsdeputationshauptschlusses von 1802, zu Preußen gekommen waren, wie zum Beispiel Erfurt, Mühlhausen, das Eichsfeld und seit 1866 auch Schmalkalden.

Weimar wurde Landeshauptstadt, zwölf Jahre später wurde es dann auch die erste Hauptstadt eines Landes mit nationalsozialistischer Regierung. Schon 1930 hat hier zum ersten Male ein Mann im Braunhemd mit in der Regierung gesessen, zwei Jahre später übernahm Hitlers Partei die volle Regierungsgewalt, gewählt von den Bürgern Thüringens... Buchenwald liegt also nicht nur räumlich in der Nähe von Weimar.

Nach dem Krieg wurde das »Land Thüringen« zur sowjetischen Besatzungszone geschlagen. 1952 verschwand es als verwaltungspolitische Einheit wieder von der Landkarte, als in der DDR die Bezirke gebildet wurden. Im Herbst 1990, nach der Wende, entstand Thüringen als Bundesland wieder, mit leicht verändertem Grenzverlauf und mit Erfurt als Landeshauptstadt.

*Fruchtbare Felder, grüne Wiesen, buntgemischte Haine – ländliche Szenerie bei Ballstädt.*

*Bei Friedrichshöhe hat der Rennsteigwanderer die Hälfte der abwechslungsreichen Waldstrecke zurückgelegt.*

## *Bausteine deutscher Geschichte*

Wenn Thüringen als politische Einheit auch über Jahrhunderte hinweg nicht in Erscheinung trat, so hat das, was sich auf seinem Boden abspielte, doch wichtige Akzente in der deutschen Geschichte gesetzt. Das gilt schon für jenen Sieg der Franken über das Thüringerreich im Jahr 531, der Einflußgebiete endgültig markierte, ebenso für die missionarische Tätigkeit des Heiligen Bonifatius, die Thüringen in die von ihm geprägte Kirche des Frankenreiches integrierte. Wie überall in ihrem Herrschaftsgebiet haben die Kaiser und Könige auch in Thüringen von ihren Pfalzen aus regiert. Schon 802 ist Erfurt als fränkische Königspfalz genannt, hundert Jahre später traf sich eine Reichsversammlung in Rohr – heute ein winziger Ort nahe Suhl, mit einer uralten Kirche aus jener Zeit.

Memleben im unteren Unstruttal war die Lieblingspfalz Ottos des Großen (912–973). Sein Vater Heinrich I. und sein Sohn Otto II. sind dort gestorben. Man darf also annehmen, daß diesem jetzt so stillen Ort, abseits der großen Straßen in einer lieblichen Landschaft gelegen, damals großes Gewicht zukam. Das Schloß Altenburg ist eine Pfalzgründung aus der Zeit Friedrich Barbarossas (1122–1190), einer von vielen solchen Königshöfen, die über ganz Thüringen verteilt sind. Noch ehe die Reichsburg Kyffhausen gegründet wurde, ist am Fuß des Gebirges in der Pfalz Tilleda königliches Recht gesprochen worden.

Was Thüringen zur deutschen Geschichte beizutragen hatte, war weniger die spektakuläre politische Aktion als vielmehr der geistige Impuls, der Veränderungen herbeiführte. Der Bauernkrieg in Thüringen, seltsame Mischung aus sozialem Aufstand und eifernder Endzeittheologie, ist eher ein regionales Geschehen geblieben, gemessen an der Vielzahl ähnlicher Aktionen vor allem in Süddeutschland. Der Versuch der Einheitssozialisten, ihn zum zentralen Ereignis jener unruhigen Jahre hochzustilisieren, um sich selber als Erben einzusetzen, ist ins Leere gelaufen. Ein großer geistiger Anstoß jener Zeit kam aus Thüringen: Martin Luther (1483–1546) stammt aus Möhra bei Eisenach, ging in der Wartburgstadt zur Schule, war Student, Mönch und Professor in Erfurt und hat 1521 und 1522 im »Exil« auf der Wartburg mit der Übersetzung des Neuen Testaments ins Deutsche zur Ausbildung unserer Nation beigetragen. Und wie man auch zu Luther stehen mag – daß seine Reformation das Rad der Geschichte bewegt hat, wird wohl keiner bestreiten. Auch die erste Manifestation lutherischen Bekenntnisses in den Schmalkaldischen Artikeln und der erste Zusammenschluß protestantischer Fürsten und Städte im Schmalkaldischen Bund fand auf Thüringer Boden statt. Mit Recht nennt sich Thüringen auch Mutterland der Reformation.

*Wichtige Station auf jeder Weimar-Rundfahrt: der Frauenplan. Links im Hintergrund ist das Goethehaus zu sehen.*

Schließlich darf auch bei einer Beschreibung der Rolle Thüringens für die deutsche Geschichte nicht unterschlagen werden, daß die junge Arbeiterbewegung des vergangenen Jahrhunderts in Eisenach ihre Sozialdemokratische Partei gegründet hat und späteren Parteitagen in Gotha und Erfurt ganz wesentliche Schritte zur Markierung ihres Profils verdankt.

**Geist und Macht**

Es wäre reizvoll, einmal in Gedanken der Wechselwirkung nachzugehen zwischen dem Fehlen machtpolitischen Vermögens einerseits und geistiger Aufgeschlossenheit andererseits. Die vielen Potentaten der thüringischen Kleinstaaten haben keine großen politischen Ambitionen und keinen militärischen Ehrgeiz besessen. Nur einer – um mit der Ausnahme anzufangen – hat kurz die Königskrone getragen: Günther XXI. von Schwarzburg im Jahre 1349.

Schiller hat mit einer Anekdote die Erinnerung an Katharina von Schwarzburg festgehalten, die sich im Jahr 1547 entschlossen dem kaiserlichen Feldherrn Herzog Alba entgegengestellt hatte. Mit der drohenden Forderung »Fürstenblut für Ochsenblut« habe sie die sofortige Einstellung der Plünderungen durch Albas Söldnertruppen erzwungen. So respektabel die couragierte Tat auch war – andere Thüringer Duodezfürsten haben ihre historische Position, die vor allem in der Zeit des aufgeklärten Absolutismus aus dem Rahmen fiel, noch gewichtiger markiert. Da ist jener Herzog Ernst II. von Sachsen-Coburg-Gotha (1818–1893), der nicht bloß den Meister der Schauspielkunst Conrad Ekhof an sein Theater zog, nicht nur als einer der ersten eine Sternwarte bauen ließ. Er gewährte auch anderweit verfolgten Mitgliedern der bürgerlichen Geheimbünde Asyl, die damals die deutsche Sache auf ihre Fahnen geschrieben hatten. Sein Vorfahr gleichen Namens hatte dem Neubau an Stelle der geschleiften Burg Grimmenstein den Namen Schloß Friedenstein gegeben – auch dieser Namenswechsel steht für eine Gesinnung.

Da ist jene Herzoginwitwe Anna Amalia, die, selber dichtend und komponierend, als maßgebliche Förderin der Weimarer Klassik zu gelten hat. Ihr Sohn Carl August (1757–1818) hat diese in seiner kleinen Residenz zu halten vermocht. Dieser Carl August war auch der erste deutsche Landesherr, der 1816 seinem Lande eine fortschrittliche Verfassung gab. Ein Jahr später zogen die Jenaer Burschenschaftler, durchaus unbequeme junge Feuerköpfe, mit seinem Einverständnis und Wohlwollen zu ihrem Wartburgfest. Und als Metternich nach den Karlsbader Beschlüssen (1819) die Universität disziplinieren wollte, stellte der Herzog sich schützend vor seine Alma Mater. Schließlich ist da auch jener Georg von Meiningen, als Theaterherzog bekannt, des-

sen Beziehung zu »seinem Theater« so ganz anders aussah, als das ansonsten bei Fürsten zu sein pflegte.
Hier sei das vorerst nur angedeutet, um zu zeigen, daß in diesen thüringischen Kleinstaaten häufig Bedingungen herrschten, die überaus förderlich waren für ein lebendiges geistiges Klima, das sich natürlich auf das ganze Leben auswirkte. Daß es nicht unbedingt eines fürstlichen Mäzens bedurfte, um Kreativität und Intellekt zu fördern, hat Erfurt bewiesen: Die reiche Handelsstadt konnte es sich nämlich leisten, eine eigene Universität zu gründen (und zu finanzieren) – es war nach Köln die zweite in Deutschland.
Sie wurde zu einem Hort des Humanismus im ausgehenden Mittelalter, sie stand mit in vorderster Linie in der geistigen Auseinandersetzung um Johannes Reuchlin zwischen Ulrich von Hutten und den Kölner Dominikanern – einige Exemplare der berühmten »Dunkelmännerbriefe« sind höchstwahrscheinlich in Erfurt entstanden.

## *Lebendiges Thüringen*

Was für Erfurt gilt, das gilt für ganz Thüringen. Was die Menschen in und aus Thüringen geleistet haben, was sie hinterlassen haben an materiellem und an geistigem Erbe, was an Sichtbarem zu schauen und zu bewahren ist, an Geistigem zu erfahren, aufzuheben und fortzuführen ist, das soll Gegenstand in all unseren weiteren Betrachtungen sein.
Sachzeugen der Geschichte – und der Gegenwart – sind zuerst einmal Bauwerke: Burgen und Kirchen, Städte und Dörfer, der Repräsentationsbau des Fürsten ebenso wie das Fachwerkhaus des Bauern, die mauerbewehrte Schutzburg ebenso wie das schmuckreiche Haus des wohlhabenden Patriziers oder die Köhlerhütte.

*Kurgäste im Gespräch. Die Esplanade mit den Kurhäusern ist der Mittelpunkt von Bad Liebenstein, dem größten Heilbad Thüringens.*

### Burgen und Schlösser

Thüringen ist ein Land der Burgen. Manche sind kaum noch aufzufinden, obwohl sie einst eine wichtige Rolle gespielt haben wie die Schauenburg über Friedrichroda, die Stammburg der Ludowinger, der Thüringer Landgrafen. Wer heute den Burgberg bei Friedrichroda ersteigt, der findet nur noch wenige überwachsene Reste, die erkennen lassen, daß da einmal eine menschliche Behausung stand. Andere wieder sind als Ruinen auf uns gekommen, manche nur bescheidene Reste einstiger Pracht, die erst in der Fantasie wiederersteht, manche schon als Torso von imponierender Größe und Schönheit und wiederum andere erhalten oder verwandelt und auf mancherlei Weise heute genutzt.
Zwei der berühmtesten Ruinen gehören, obschon auf anhaltinischem Territorium, unbestritten zu Thüringen. »An der Saale hellem Strande« und »Hier Saaleck dort die

Rudelsburg« – die beiden Sperrburgen an der großen Saaleschleife südlich Bad Kösen verdanken ihre Berühmtheit nicht ihrer einstigen Bedeutung für die Sicherung der Handelsstraßen, sondern diesen Liedern. Sie bieten aber auch ein eindrucksvolles Bild, die Rudelsburg mit ihren vierkantigen Bauten, Saaleck mit dem runden Bergfried, von dem aus man eine besonders schöne Aussicht auf das Saaletal und das weite Land hat. Doch, um gerecht zu sein, sind das nur zwei von den vielen Burgen am Lauf der Saale.

Ruinen sind auch zwei von den drei Burgen, die nahe Arnstadt den Besucher Thüringens grüßen, wenn er auf der Autobahn von Eisenach kommt, den »Drei Gleichen«, die sich wie nach den Regeln des Goldenen Schnitts in die Landschaft ordnen. Eigentlich ist nur eine, die nördlich der Autobahn, die Burg Gleichen, auf der auch die Sage von dem Grafen von Gleichen angesiedelt ist: Der habe vom Kreuzzug eine morgenländische Frau mitgebracht, der er Gesundheit und Freiheit verdankte. Der Papst habe die harmonische Ehe zu dritt gesegnet. Das Grabmal des Grafen von Gleichen im Erfurter Dom, das zwei Frauengestalten aufweist, hat diese Legende wahrscheinlich genährt.

Die älteste der Burgen, die Mühlburg, von der nicht viel mehr als der Bergfried erhalten ist, hat Gustav Freytag (1816–1895), der zeitweise in Siebleben bei Gotha gewohnt hat, zum Schauplatz seines Romans »Das Nest der Zaunkönige« gemacht. Die Veste Wachsenburg, lange Zeit Raubritterburg, später Gefängnis, ist heute nach mancherlei Umbauten ein Hotel.

Eine der größten Burgen war einst die Reichsburg Kyffhausen. 600 Meter lang, bildete die Ruine eigentlich eine Kette von drei Burgen. Sie erhielt ihren endgültigen Ausbau unter Kaiser Barbarossa, der der Sage nach im Berg schläft, so lange die Ra-

ben um den Kyffhäuser fliegen. Dann komme er wieder, um das Reich zu einen – ein politischer Wunschtraum über Jahrhunderte. Ursprünglich war die Sage gar nicht auf Barbarossa gemünzt, sondern auf Friedrich II. von Hohenstaufen; erst im 16. Jahrhundert wurde Kaiser Rotbart der Hoffnungsträger. Das wilhelminische Kaiserreich sah sich als Erfüllung dieses Traums und baute mitten in die alte Burg das monumentale Denkmal, wobei die Relikte der Mittelburg völlig vernichtet wurden.
Doch nicht nur die Reichs- und Territorialfürsten bauten sich Burgen – auch Städte wie das reiche Erfurt sicherten ihren Besitz und ihre wichtigsten Handelsrouten durch Burgen wie die Wasserburg Kapellendorf auf halbem Weg zwischen Weimar und Jena. Von einer Ruine ganz besonderer Art soll noch berichtet werden: Landschaftlich überaus reizvoll liegt 80 Meter hoch über dem Fluß auf einem Bergsporn im Schwarzatal das einstige Schloß Schwarzburg. Trotzdem kann der Wanderer von oben auf das Schloß blicken, denn der Aussichtspunkt Trippstein ist noch einmal 150 Meter höher als der Schloßberg. Adolf Hitler wollte das Schloß zu einem »Reichsgästehaus« umbauen lassen. Doch nach der Entscheidung um Stalingrad im Winter 1942/1943 wurde das Vorhaben fallengelassen, halbfertig blieb der Umbau stehen und verfiel immer mehr. Gut, daß man die Schäden vom Trippstein aus nicht so sieht…

### Berühmt in aller Welt

Die berühmteste aller Thüringer Burgen ist die Wartburg. Vergleicht man jedoch das jetzige, weitbekannte Bild der Wartburg mit Ansichten aus vergangenen Jahrhunderten, hat man Mühe, beides in Übereinstimmung zu bringen. Als Goethe dort oben nächtigte, war die Burg fast völlig verfallen. Erst die Restaurierung des vergangenen Jahrhunderts hat ihr das unverwechselbare Gesicht gegeben, das man jetzt kennt. Dabei ist wertvollste romanische Bausubstanz gerettet worden, die jahrzehntelange Ergänzung und Erneuerung hat der Burg jedoch auch unverkennbar den Stempel des 19. Jahrhunderts aufgedrückt. Man mag das bedauern, aber andernfalls wäre wohl überhaupt nichts erhalten geblieben. Deshalb hat auch die jüngste tiefgreifende Restaurierung beides zu bewahren und zu vereinen versucht. Die Wartburg heute ist ein in den Zeiten Gewachsenes, zu dem jeder das Seine in bester Absicht beigetragen hat.
Die Frühzeit der Burg hat Moritz von Schwind (1804–1871) mit seinen Wandfresken romantisch illustriert, nicht nur die Sage vom Sängerkrieg, sondern auch die Legenden um die Heilige Elisabeth und den ganzen weiteren Sagenkranz. Daß der Sage um den Sängerkrieg eine Spur historischer Wahrheit zu Grunde liegt, kann man bei Walther von der Vogelweide nachlesen, der

*Treppenhaus der Kunstgewerbeschule von Henry van de Velde in Weimar. In diesem Gebäude brachte Walter Gropius später seine Schule für Handwerk, Architektur und bildende Künste, das »Bauhaus«, unter.*

*Links: Im Grünen Schloß von Weimar befindet sich die Herzogin-Anna-Amalia-Bibliothek. Diese Zentralbibliothek der deutschen Klassik enthält alle Werke von Goethe und Schiller, Herder und Wieland in Erstausgaben.*

*Das Theater der Stadt Gera wurde 1902 als »Fürstliches Hoftheater« in prächtigem Jugendstil erbaut.*

den Eisenacher Hof als gastfreundlich und kunstsinnig preist. Allerdings, so klagt er, gehe es dort auch wie in einem Taubenschlag zu.

Als Kurfürst Friedrich der Weise seinen Schützling Martin Luther (1483–1546) auf der Wartburg vor der Reichsacht in Sicherheit brachte, schuf dieser während seines Aufenthaltes mit der Übersetzung des Neuen Testaments zwar nicht eine neue deutsche Schriftsprache, aber er machte die Meißnische Kanzleisprache, ergänzt und erweitert durch seine eigene gewaltige sprachschöpferische Leistung, zur Klammer der Stämme deutscher Zunge. So entsprach es innerer Logik, daß die Angehörigen der 1815 in Jena gegründeten Burschenschaften die vierte Wiederkehr des Sieges über Napoleon bei Leipzig und das 300jährige Jubiläum der Reformation 1817 zusammen in jenem berühmt gewordenen Wartburgfest feierten. Die Traditionsfahne von damals, schwarz und rot mit goldenem Eichenlaub, die »Urmutter« unserer Nationalfarben, hängt heute noch im Festsaal des mittelalterlichen Palas.

Die Wartburg war keineswegs der einzige Sitz der Thüringer Landgrafen. Die Neuenburg bei Freyburg im Unstruttal ist sogar älter als die Burg auf dem Wartberg, außerdem residierte man auf der Runneburg bei Weißensee. Elisabeth schätzte die Burg Normannstein bei Treffurt besonders – dort brachte sie ihren Sohn zur Welt.

Bewohnt und genutzt sind noch viele der Burgen im Thüringer Land und vor allem im Eichsfeld – die alte Johanniterkomturei Kühndorf im Werratal, ein mächtiger, klobiger Brocken Bauwerk, die Wasserburg Heldrungen, wo Müntzer gefoltert wurde und die im 18. Jahrhundert als Regularfortifikation nach den Prinzipien des Franzosen Vauban ausgebaut worden ist, die Leuchtenburg bei Kahla, die ihren Namen zu Recht führt, weil sie von allen Seiten weit übers Land zu sehen ist und, um es genug der Beispiele sein zu lassen, die alte Kaiserpfalz in Dornburg, das älteste der drei Schlösser, das bis vor kurzem Altersheim war und nun restauriert werden soll. Die anderen beiden Schlösser in Dornburg stammen aus der Zeit der Renaissance – dort hat Goethe gewohnt, wenn er in Dornburg war – und dem Rokoko.

Aus vielen Burgen wurden Schlösser, als die Wehranlagen ihren Verteidigungszweck verloren, Schloß Kochberg unweit von Rudolstadt zum Beispiel, der Stammsitz der Familie von Stein. Deutlich erkennt man noch die uralte Veste mit dem Wassergraben, die später durch Anbauten ergänzt worden ist. Die Risse im Gemäuer, die auf einer Zeichnung Goethes zu sehen sind, findet man heutzutage nicht mehr.

Ein besonders prachtvolles Schloß ist die Heidecksburg in Rudolstadt. Dieser Bau trägt die Handschrift der beiden großartigen Barockbaumeister Johann Christoph

Knöffel aus Dresden und Gottfried Heinrich Krohne aus Weimar. Die Restauratoren sind gerade damit beschäftigt, die glanzvolle Innenausstattung Stück für Stück originalgetreu wieder herzustellen.

### Türme und Kirchen

Der Name »Erfordia turrita« – »das türmereiche Erfurt« – charakterisiert nicht nur die Stadt, der man diesen Beinamen gegeben hat, sondern die geschichtsträchtigen Städte Thüringens insgesamt. Man könnte Mühlhausen ebenso bezeichnen – je bedeutender eine Stadt war, desto mehr Kirchen, desto mehr Klöster, desto mehr Türme konnte sie aufweisen. So sind denn die großen und kleinen Kirchenbauten neben Schlössern und Burgen zeichensetzende Zeugnisse für die Baugesinnung der Vergangenheit. Das Wohnhaus, auch wenn es das des wohlhabenden Patriziers ist, ist nicht »turrita« – es ordnet sich ins Gesamtbild der Stadt ein. Die ältesten Marksteine der Kirchenbaukunst in Thüringen finden sich nicht in den jetzt bedeutenden Städten – sie liegen eher abseits. Da steht in Memleben, der Kaiserpfalz im Unstruttal, ein mächtiger, bewachsener Mauerklotz mit einem kleinen Tor. Das war nicht, wie man lange gedacht hat, eine Pforte zur Pfalz. Es ist der Rest eines Querhauses, der von dem ottonischen Dom aus dem 10. Jahrhundert übriggeblieben ist. Man hat die Fundamente ergraben – der Bau muß mit seinen 82 mal 28 Metern einer der größten seiner Zeit gewesen sein. Im 13. Jahrhundert entstand dann nahebei eine weitere Klosterkirche, deren Ruine in ihrer lapidaren Schönheit der berühmteren in Paulinzella nicht nachsteht. In Rohr, einem winzigen Ort zwischen Suhl und Meiningen, steht ein Kirchenbau, der ebenfalls aus dem 10. Jahrhundert stammt. Die Krypta ist noch in ihrem ursprünglichen Zustand.

*Das imposante Rathaus von Zeulenroda entstand in der Biedermeierzeit. Vom Turm herab überwacht die griechische Göttin Themis Sitte und Ordnung.*

Der Name Paulinzella ist bereits gefallen. In wohl keinem Buch über Romanik fehlt ein Bild dieser Kirche. Die Haltung der klösterlichen Reformbewegungen von Cluny und Hirsau spricht aus Baugestalt und Schmuck. Auch diese Ruine, in einem kleinen bewaldeten Tal gelegen, beeindruckt durch Harmonie und Größe, gerade weil sie durch die Zerstörung auf die elementare Bausubstanz reduziert ist. Man versteht, daß die Klassiker von ihr begeistert waren und daß Schinkel sich tatkräftig für ihre Erhaltung eingesetzt hat. Wer aber einen Eindruck haben will, wie eine solche Ruine als Raum gewirkt haben muß, der besuche Thalbürgel ostwärts von Jena. Das ist eine einstige Klosterkirche ähnlichen Zuschnitts und Stils, deren Schiff man wieder ausgebaut hat. Ein Konzert in Thalbürgel ist ein besonderes, feierliches Erlebnis.
Rund hundert Jahre später entstand in Arnstadt die Liebfrauenkirche, auch sie etwas abseits gelegen, auch sie ein mächtiger Bau,

*Kirchturm mit Schießscharten: die Walldorfer Kirchenburg, die einen alten Verkehrsknotenpunkt überwachte.*

den Georg Dehio den bedeutendsten Kirchenbau des Übergangs von der Romanik zur Gotik in Thüringen neben dem Naumburger Dom nennt. Hier hat man bei der Restaurierung in den vergangenen Jahren die schlichte Klarheit dieser Epoche wieder hergestellt, indem man allerlei Zutaten späterer Jahre entfernt hat. Welch ein Kontrast dazu die Marienkirche in Mühlhausen aus der Zeit der Hochgotik mit ihrer verschwenderischen Fülle an Figürlichem und Zierrat, an steingewordenen Erzählungen zur Heilsgeschichte wie an Profanem. Da blicken – zum Beispiel – von der Brüstung über dem Querhausportal vier höchst lebendig wirkende Steinfiguren hinab auf die Menge: Kaiser Karl IV. samt Gemahlin und Begleitern. Und auch die Derbheit, der die Steinmetze an den Wasserspeiern die Zügel schießen ließen, fehlt hier nicht. Die fünfschiffige Hallenkirche ist die zweitgrößte Kirche des Landes nach dem Erfurter Dom. Doch muß man zugestehen, daß in Erfurt mehr das einzigartige Ensemble auf dem Domberg besticht, am Dom selber sind es eher nur Details wie zum Beispiel die Chorfenster, der Wolframleuchter oder der Figurenschmuck des Triangels.

Der Reichtum dessen, was sehens- und entdeckenswert ist, verführt zum Aufzählen. Nur auf wenige Kostbarkeiten sei noch verwiesen. Da ist die Schloßkapelle in der Wilhelmsburg in Schmalkalden, ein Prachtstück der Renaissance, und die barocke Kapelle im Schloß Eisenberg. Mehr Barockes ist vor allem im Eichsfeld zu finden, vornehmlich in den Dorfkirchen.

### Städte und Dörfer

Wir sprechen hier von Burgen, Schlössern und Kirchen – doch wo wohnen die Menschen? Von den Städten und Dörfern, ihrer Geschichte und ihrem Gesicht soll jetzt die Rede sein. Da ist zunächst jene Perlenkette von sieben Städten, die auf der Bundesstraße 7, aus dem Hessischen kommend und ins Sächsische gehend, nacheinander aufgefädelt sind. Sieben Städte, in knappen Abständen um die zwanzig Kilometer, mal auch ein bißchen mehr voneinander entfernt. Sie waren alle irgendwann einmal Residenzen, nur die größte von ihnen nicht...

Die Reihe beginnt mit Eisenach, der Stadt, die allzu häufig nur im Schatten der Wartburg gesehen wird. Sie hat aber durchaus ihren eigenen Charakter. Berge umgeben sie, nur ein kleines planes Fleckchen im Zentrum gibt es. Ansonsten klettert die Stadt die Hügel und Berge hinan – daß einer seinem Gegenüber in den Schornstein spucken kann, oder man von der Straße zum Hauseingang so hoch zu steigen hat wie anderswo in den zweiten Stock, ist so selten nicht. Das schafft – zumindest im älteren Teil der Stadt – natürlich reizvolle Wohnlagen, wenn auch zuweilen etwas unbequeme. Luther hat Eisenach geschätzt und beschimpft. Er nannte es »seine liebe Stadt« und ein anderes Mal »Pfaffennest und geistlichen Stapelort«. Um den Markt herum, wo die alte Bebauung noch nicht der Spitzhacke zum Opfer gefallen ist, zeugt reichverziertes Fachwerk davon, daß Eisenach immer eine bedeutende Stadt war. Aber mit den Gedenkstätten hat es in Eisenach so seine Eigenart: Johann Sebastian Bach ist in Eisenach geboren. Aber in dem jetzigen Bachhaus hat er niemals gewohnt. Das Burschenschaftsdenkmal steht auf keinem der Berge, auf denen anno 1817 das Fest stattfand, dem es gewidmet ist. Der Sängerkrieg, wie ihn die Sage und Richard Wagners Oper »Der Tannhäuser« schildern, hat zwar die Wartburg berühmt gemacht, aber er hat bestimmt so nicht stattgefunden. Und schließlich ist auch die Sozialdemokratische Partei zwar in Eisenach gegründet worden, aber nicht dort, wo man

dessen jetzt gedenkt. Dem Gewicht des Namens der Stadt Eisenach tut das jedenfalls keinen Abbruch, zumal Eisenach auf anderem Gebiet jetzt die Nase vorn hat – auf dem Gebiet der Wirtschaft.
Die nächste Perle in unserer Kette heißt Gotha. Der Friedenstein, das riesige Schloß mit den beiden dicken Türmen, dominiert noch heute die Stadt. Der Herzog, der es bauen und über das Portal schreiben ließ: »Friede ernährt, Unfriede verzehrt«, hat bereits ausgangs des Dreißigjährigen Krieges in seinem Lande die Schulpflicht eingeführt. Der Gothaer Rektor Andreas Reyher schuf mit seinem »Schulmethodus« (1642) zur gleichen Zeit die »Gründungsurkunde der deutschen Volksschule«. Zugleich eröffnete er die Reihe namhafter Gothaer Verleger. Ihm folgte später die Verlegerfamilie Perthes, auch Joseph Meyer, der 1826 in Hildburghausen das Bibliographische Institut gründete, ist in Gotha geboren worden. Die Stadt der Banken und Versicherungen war Gotha vor dem Kriege, und es sieht heute so aus, als werde sie es wieder werden. Obendrein beginnt hier die nun schon ehrwürdige, aber immer noch unentgeltlich zu benutzende Thüringerwaldbahn, die bis Friedrichroda, Waltershausen und Tabarz fährt – die Stadt Gotha ist also auch das Tor zum Thüringer Wald.

### Das türmereiche Erfurt

Zwanzig Kilometer weiter gegen Osten liegt Erfurt, jetzt Landeshauptstadt. Erfurt ist niemals Residenz gewesen. Es unterstand ursprünglich Mainz – die Stadt trägt bis heute in ihrem Wappen das Mainzer Rad –, gehörte also nicht zu den »Thüringischen Staaten«, auch nicht nach den Umschichtungen durch Napoleon, der es Preußen überließ. Erst im Jahre 1944 wurde es zu Thüringen geschlagen. Aber Erfurt war immer eine ziemlich selbständige Stadt und obendrein reich, sehr reich sogar. In seiner besten Zeit, im 15. Jahrhundert, gehörten ihm 80 Dörfer und Burgen sowie 900 Quadratkilometer Land. Prachtvolle Bürgerhäuser aus jener Zeit, zumeist mit originellen Namen, prägen noch heute das Bild der sehenswerten Innenstadt. Der Reichtum entstand durch den Handel, vor allem mit dem heute nicht mehr verwendeten Blaufärbemittel Waid; der Handel mit der Pflanze, die in Thüringen angebaut wurde, war das Vorrecht von nur fünf Städten. Das Ensemble auf dem Domhügel mit dem Dom St. Marien und der St. Severikirche gehört wohl zu dem Schönsten und Ansehnlichsten, was mittelalterliche Städtebaukunst geschaffen hat. Älter noch als die sakrale Stadtkrone ist aber eine Brücke über die Gera, die nicht etwa den Fuhrwerken das Überqueren des Flusses ermöglichen sollte – die mußten durch die Furt gleich daneben –, sondern schon im 12. Jahrhundert als »Einkaufsbrücke« gebaut und deshalb »Krämerbrücke« genannt wurde. Die eigentliche Wurzel der Stadt ist unmittelbar neben dem Domhügel der Petersberg, wo wahrscheinlich das erste Kloster in Erfurt gestanden hat, an das noch der Rumpf einer romanischen Basilika erinnert. In unserer Zeit ist Erfurt als Blumenstadt bekannt geworden. Zahlreiche ansässige große Industriebetriebe mühen sich derzeit um Einordnung in die gewandelten Strukturen – sie stellten früher ein starkes wirtschaftliches Potential dar und hoffen, es wieder zu werden.
Ein knappes halbes Stündchen Fahrzeit entfernt liegt Weimar, das Madame de Staël die »schöngeistige Hauptstadt Deutschlands«, und Egon Erwin Kisch einen »Naturschutzpark der Geistigkeit« genannt hat. Die Deutsche Klassik ist zweifelsohne der Kulminationspunkt in der vielschichtigen Kulturgeschichte dieser Stadt und auch ganz Thüringens – ihr ist aus diesem Grunde ein eigenes Kapitel gewidmet.

*Der barocke Turm des Weimarer Residenzschlosses. Im Vordergrund das Reiterstandbild des Großherzogs Carl August, Freund und Förderer Goethes.*

## Im Tal der Saale

Auch auf das nächste Glied der Perlenkette wird noch zurückzukommen sein, wenn von Kultur die Rede ist. Goethe nannte Jena einen »allerliebsten Ort«. Heute jedoch wird das Stadtbild durch Hochhäuser, Fabrikschornsteine und, an der Peripherie, zahllose Wohnsilos geprägt. Jena liegt in einer ungemein reizvollen Umgebung. Die Saalberge schieben sich, von tief eingeschnittenen Tälern getrennt, bis an die Stadt vor, die Saale schlängelt sich durch weites, fruchtbares Tal. Aber die Stadt hat durch die Bomben des Zweiten Weltkrieges und die Fehlleistungen »sozialistischer Stadtplanung« so schwer gelitten, daß es lange dauern wird, bis die schmerzhafte Disproportion zwischen Natur und Stadt sich wieder zu jener Harmonie gewandelt hat, die Hölderlin zum Vergleich mit dem heimatlichen Neckartal anregte. Am deutlichsten wird dieser schmerzhafte Kontrast an jenem neuen Stadtteil Jenas, der saaleaufwärts nahe der Autobahn entstanden ist. Oben auf dem Berg liegt die eindrucksvolle Ruine der Lobdeburg, die einst lange Zeit einem einflußreichen Geschlecht als Wohnsitz diente. An ihrem Fuß läßt das alte Städtchen Lobeda noch etwas von dem einstigen Dreiklang zwischen Landschaft, Burg und Stadt ahnen. Doch schon wenige hundert Meter weiter breitet sich eine kaum gestaltete Masse von Wohnwaben aus, eine Betonwüste, die Tausenden Unterkunft gewährt, vielen zugleich aber nur einen Ausblick auf die Wand des nächsten Hauses.

## Mit verborgenen Reizen

Der Sprung zur nächsten Stadt ist ein Stück weiter. Auch Gera ist eine Großstadt, auch Gera war einst Residenz. Das, was die Stadt an Sehenswertem zu bieten hat – die schöne Orangerie, den stilvollen Markt, das prächtige Jugendstiltheater – wird an den Rand gedrängt durch ein gewaltsam aufgepfropftes »modernes« Stadtzentrum aus der DDR-Zeit und beeinträchtigt durch viel Industrie, die sich im Tal der Weißen Elster angesiedelt hat. (Man merke: die Gera fließt durch Erfurt, durch Gera fließt die Weiße Elster.) Und schließlich, am Ende dieser Kette von sieben Städten, liegt Altenburg, über tausend Jahre alt, eine Stadt, die als Skatstadt berühmt geworden ist, aber darüber hinaus noch anderes zu bieten hat, wie ein kostbares Museum italienischer Tafelmalerei, das Renaissance-Rathaus oder das Schloß. Doch hat Altenburg schwer darunter gelitten, daß es seit 1952 an den äußersten Rand des Bezirkes Leipzig gerückt war.

## Attraktive Städte ringsum

Jene Kette von Städten ist jedoch keineswegs alles, was das Land Thüringen dem Besucher zu bieten hat. Da sind die beiden

*Das prachtvolle Doppelportal im Nordflügel von Schloß Heidecksburg ist ein Überrest der abgebrannten ehemaligen Renaissance-Residenz.*

*Die prächtige Freitreppe des Rathauses von Pößneck. Sie wurde 1530 dem Gebäude vorgesetzt.*

einstigen Reichsstädte Mühlhausen und Nordhausen – letzteres im Kriege so schwer zerstört, daß es dadurch sehr viel an Substanz verloren hat. Da ist Arnstadt, das Tor zum Thüringer Wald, der Ort Thüringens mit der ältesten urkundlichen Erwähnung, ein Städtchen, das sich viel von seinem alten Charme erhalten hat. Hier hatte Johann Sebastian Bach (1685–1750) von 1703 bis 1707 seine erste Kantorstelle – sein Denkmal, recht eigenwillig, steht auf dem Markt, nahebei erhebt sich die Barockkirche, in der Bach die Orgel spielte. Eine besondere Rarität Arnstadts ist das Puppenmuseum »Mon Plaisir«, das seine Existenz der Sammelleidenschaft (und Langeweile) von Augusta Dorothea, der einzigen Fürstin des kurzlebigen Fürstentums Schwarzburg-Arnstadt, verdankt.

Die Einteilung der DDR in Bezirke hatte dazu geführt, die Gegend jenseits des Rennsteigs, etwas spöttisch, etwas selbstbewußt, als »Autonome Gebirgsrepublik Suhl«, als etwas Abgesondertes zu betrachten. Das Gebiet gehört aber eindeutig zu Thüringen. Die Aversion der Ideologen gegen die einstige Residenz Meiningen hatte dazu geführt, daß Suhl als »Arbeiterhochburg« Bezirksstadt wurde. Unmittelbar neben dem alten, verwinkelten Stadtkern wurde ein neues Stadtzentrum aus dem Boden gestampft, die Neubaublocks klettern die Hänge hinauf. Und wenn auch der neue Stadtmittelpunkt nicht ganz so einfallslos ausgefallen ist wie anderwärts – ein Fremdkörper in der Landschaft wird die Stadt wohl noch eine Weile bleiben.

Greiz und Sondershausen liegen weit auseinander – drei Dinge haben sie gemeinsam: Auch sie waren einst Residenzen, ihr Stadtbild wird von hoch über den Städten thronenden Schlössern beherrscht, und beide leiden schwer unter dem Verkehr einer Bundesstraße, der sich durch die alten Mauern quält und für den es vorerst keine Umleitung gibt.

Von den Stürmen der Geschichte kaum berührt, bietet sich Heiligenstadt dem Besucher, seit dem Mittelalter das kulturelle Zentrum des thüringischen Eichsfeldes. Heute ist Heiligenstadt Kneipp-Kurort. Fest gegründet stehen seine Kirchen, überaus gepflegt wirken auch die kleinen und zum Teil recht alten Häuser in der reizvollen Innenstadt – und das gilt für das ganze Eichsfeld mit seinen blitzsauberen Dörfern, vielen Kapellen, Kirchen, Kreuzwegen und Wallfahrtsorten.

## *Geistige Impulse*

Wenn man von Kultur in Thüringen spricht, dann muß man mit Weimar anfangen. Der Maler Lucas Cranach (1472–1553) hat hier seine beiden letzten Lebensjahre verbracht und in der Stadtkirche sein bedeutendstes Altargemälde hinterlassen, das sein Sohn nach des Vaters Tod fertiggestellt hat. Johann Sebastian Bach hat hier als Hofmusikus gewirkt, bis er nach heftigen Auseinandersetzungen mit dem Herzog für immer aus der Residenz schied. Das war allerdings noch bevor Weimar zum Zentrum deutschen Geisteslebens aufstieg.

*Wilhelminischer Pomp und politischer Mythos vereinen sich in dem mächtigen Denkmal auf dem Kyffhäuser, einem »für alle Zeiten geltenden Symbol deutscher Einheit.«*

**Der Mittelpunkt**

Die große Epoche des Städtchens Weimar beginnt, wenn man es recht besieht, damit, daß Anna Amalia, sehr jung Witwe geworden und mit zwanzig Jahren regierende Herzogin eines Ländchens, dessen Einwohnerzahl heute kaum eine Großstadt füllen könnte, für ihren Sohn die besten Erzieher nach Weimar holte, darunter den Schwaben Christoph Martin Wieland (1733–1813), der in Erfurt als Professor wirkte. Ohne diese Erziehung wäre es wahrscheinlich kaum zu der engen Freundschaft zwischen Carl August und Johann Wolfgang Goethe (1749–1832) gekommen, den er 1775 nach Weimar holte. Goethe wiederum zog seinen Freund Johann Gottfried Herder (1744–1803) nach – der freilich oft genug über das »unselige Mittelding zwischen Hofstadt und Dorf« klagte, das Weimar damals gewesen sein muß. Schließlich kam noch Friedrich Schiller (1759–1805) dazu, und bald war Weimar der geistige Mittelpunkt des deutschen Sprachraumes.
Es muß etwas Besonderes an dieser Atmosphäre gewesen sein, daß sie alle in der Stadt an der Ilm blieben, obwohl da nicht immer eitel Harmonie herrschte. Dazu waren sie samt und sonders zu ausgeprägte Persönlichkeiten. Die Gräfin Egloffstein berichtet von Gesprächen in diesem erlauchten Kreis, bei denen die Meinungen so hart aufeinandergeprallt seien, daß selbst Anna Amalias »versöhnende Milde« nicht Ruhe schaffen konnte. Vielleicht war es aber gerade die schöpferische Spannung, die die Geisteskraft derer angefeuert hat, deren Wirken man überall in Weimar auf Schritt und Tritt begegnet.
Ein reichliches Jahrzehnt nach Goethes Tod kam Franz Liszt (1811–1886) nach Weimar und verhalf der Kleinstadt zu neuem Leben, zu einem »silbernen Zeitalter«. Er förderte die damals avantgardistische Musik, namentlich Richard Wagner, Hector Berlioz und Peter Cornelius. Und handelte sich damit rechten Ärger bei Hofe ein. Die Hochschule für Musik »Franz Liszt«, aus der von ihm gegründeten Musikschule hervorgegangen, hält das Erbe ihres Namenspatrons hoch und bestimmt auch heute maßgeblich das kulturelle Leben der Stadt mit.
Aus der Kunstschule des vergangenen Jahrhunderts – auch sie war dem Neuen zugewandt – wurde die Kunstgewerbeschule des Jugendstilmeisters Henry van de Velde (1863–1957) und danach, im Jahre 1919, das Staatliche Bauhaus unter der Leitung von Walter Gropius (1883–1969). Der ver-

*Im weiten, von offenen Arkaden umgebenen Hof des Schlosses Friedenstein exerzierten einst die Soldaten der Herzöge von Gotha.*

sammelte in Weimar, was damals unter den Bahnbrechern des Neuen Rang und Namen hatte: Kandinsky und Klee, Muche und Schlemmer, Marcks und Feininger arbeiteten und lehrten in Weimar, bis sie 1925 alle nach Dessau gehen mußten weil einer neuen rechten Mehrheit im Landtag die ganze Richtung nicht paßte . Die politische Diffamierung des Bauhauses hat übrigens dann die SED unter umgekehrten Vorzeichen jahrzehntelang fortgesetzt. In den zwanziger Jahren begann sich mit der Hetze gegen das Bauhaus bereits die Entwicklung abzuzeichnen, die dazu führte, daß Weimar die Hauptstadt des ersten Landes im Deutschen Reich mit einer nationalsozialistischen Regierung wurde.

### ... aber auch rundum

So, wie man Weimar nicht auf die deutsche Klassik reduzieren darf, darf man die thüringer Kultur auch nicht allein auf Weimar beschränken. An der Jenaer Universität hat Schiller vor übervollen Auditorien gelehrt, Christoph Wilhelm Hufeland und Ernst Haeckel, Johann Gottlieb Fichte, Friedrich Wilhelm Schelling und Georg Wilhelm Friedrich Hegel waren hier Professoren; August Wilhelm Schlegel, sein Bruder Friedrich und deren beide Frauen bildeten einen Kreis, der zu einem Mittelpunkt der deutschen Frühromantik wurde. Die Dichter Tieck, Novalis und Brentano haben in ihrem Haus in Jena verkehrt. Caroline und Dorothea, die beiden Frauen der Schlegels, waren zwei der interessantesten Persönlichkeiten dieses Kreises, eigenwillig, selbstbewußt und sicher auch nicht ganz unschuldig daran, daß dieser Gemeinschaft kein langer Bestand beschieden war. Schließlich hat eine der bedeutendsten Frauen der deutschen Literatur, Ricarda Huch (1864–1947), die letzten zwölf Jahre ihres Lebens in Jena verbracht, heimliches Führungsmitglied einer Gruppe antihitlerischer Opposition.

Auf einige Namen, die noch nicht gefallen sind, muß jedoch unbedingt noch aufmerksam gemacht werden. Allen voran: Johann Gottfried Herder, Freund Goethes, Generalsuperintendent in Weimar; er war der wichtigste Vordenker der deutschen Klassik, obendrein der erste Sammler von Volksliedern. Auch die Märchendichter Johann Karl August Musäus (1735–1787) und Ludwig Bechstein (1801–1860) dürfen nicht unerwähnt bleiben. Theodor Storm (1817–1888) hat als Kreisrichter in Heiligenstadt einige seiner schönsten Werke, unter anderen den »Pole Poppenspäler« geschrieben. Heinrich Heine war auch mal in Heiligenstadt, aber nur, um sich taufen zu lassen. Von den vielen »Kleinmeistern«, die diesem Boden entsprossen sind, kann gar nicht erst die Rede sein. Nur einer Schriftstellerin sei hier noch gedacht: Die einst gefeierte Sängerin Eugenie John aus Arnstadt

*Nächtliche Impression im Thüringer Wald.*

wurde Millionen Lesern unter ihrem Pseudonym Marlitt ein Begriff.
Auch im Buchwesen hat Thüringen einiges aufzuweisen. Die Verlegerfamilie Perthes in Gotha hat sich in mehreren Generationen große Verdienste um Geographie und Kartographie erworben, vor allem durch die Veröffentlichung von Forschungsberichten und Atlanten; Joseph Meyer aus Gotha, der Gründer des »Bibliographischen Instituts«, war bahnbrechend mit seinen preiswerten Klassikereditionen und dem in vielen Auflagen erschienenen »Conversationslexikon«. Namen wie Hermann Böhlau, Gustav Kiepenheuer, Gustav Fischer und Eugen Diederichs haben heute noch im Verlagswesen einen guten Klang.

### Bahnbrecher der Pädagogik

Thüringer Schulmeister haben auf dem Gebiet der Pädagogik Maßstäbe gesetzt. Rektor Reyher aus Gotha wurde bereits erwähnt; nicht weit von Gotha, in Schnepfenthal bei Waltershausen, steht Christian Gotthilf Salzmanns (1744–1811) »Philantropin«, das bis heute überdauert hat. Der berühmteste Lehrer dieser Anstalt war Friedrich Guthsmuths (1759–1839), der von ihm geschaffene erste deutsche Turnplatz ist noch heute zu besichtigen. In Weimar hat Johannes Falk (1768–1826) ein Heim für Waisenkinder geschaffen, die durch die napoleonischen Kriege heimatlos geworden waren. Die Grundzüge seines – wie bei Salzmann auf praktisches Christentum gegründeten – Wirkens waren Liebe zu den Kindern und die Resozialisierung durch praktische Arbeit. Schließlich steht in Bad Blankenburg im Schwarzatal das »Haus über dem Keller«, in dem Friedrich Fröbel (1782–1852) den ersten deutschen »Kindergarten« eingerichtet hat – ein schöneres Denkmal für den Mann, der diesen Begriff geprägt hat, kann es wohl nicht geben.

### »Thuringia cantat«

»Thuringia cantat« – das Wort soll von Bonifatius stammen. Wenn das stimmt, hat er frühzeitig den Nagel auf den Kopf getroffen. Der Thüringer singt gern und viel, er treibt Musik, er feiert Feste. Mit einer solch breiten Verwurzelung sind denn auch Spitzenleistungen zu erklären wie etwa die Familie Bach, die man, um überhaupt die Übersicht zu behalten, in drei Linien – die Arnstädter, Erfurter und die Meininger – gegliedert hat. Allein zu Lebzeiten ihres berühmtesten Mitglieds, des Johann Sebastian, gab es in Thüringen 20 Angehörige der Familie, die im Musikleben als Kantoren, Organisten, Stadtmusikanten einen Namen hatten. Man kann sich vorstellen, wie das zugegangen ist, wenn die Bachs Familientreffen hatten, Philipp Emanuel, Johann Sebastians Sohn, hat darüber berichtet. Hundert Jahre zuvor war ebenfalls in Thüringen Heinrich Schütz (1585–1672) geboren worden, auch Georg Philipp Telemann (1681–1767) ist ein gebürtiger Thüringer. Schließlich darf auch Luthers Verdienst um das deutsche Kirchenlied nicht unterschlagen werden – er selber hat ja auch Hausmusik getrieben. Andere haben auf diesem musikalischen Boden wachsen und reifen können wie zum Beispiel Hans von Bülow und Richard Strauss, wieder andere haben ihn von neuem befruchtet wie Franz Liszt und Max Reger.
All das ist heute in Thüringen noch lebendig in namhaften Berufsorchestern und -chören, vor allem aber unter den vielen Laienmusikern, die recht eigentlich das Thüringer Musikleben in seiner Breite zeigen. Es dürfte kaum Städte geben, in denen nicht mindestens ein Kirchenchor wirkt. Im Eichsfeld geht das bis in die Dörfer, wobei sich in den vergangenen Jahrzehnten die gleichen Sänger mehrmals trafen: im Volkschor, im Betriebschor und vor allem

im Kirchenchor. Auch bei den Volksfesten sind sie dabei, namentlich denen mit großer Tradition wie der Heimensteiner Kirmes in Heiligenstadt, dem Zwiebelmarkt in Weimar, oder dem Eisenacher Sommergewinn.

### *Thüringer Fleiß*

Bloß vom Tanzen und Singen allein kann man aber nicht leben. In alten Zeiten waren die Thüringer Bauern und Waldarbeiter, Köhler und Bergleute. Es gab fruchtbaren Ackerboden, Holz in Hülle und Fülle, und Eisen und Kupfer wurde gewonnen. So entstanden in Südthüringen metallverarbeitende Betriebe mit durchaus eigenständigem Profil. Schmalkalder Artikel waren Kleineisenwaren, die über halb Europa guten Absatz fanden. Feinziselierte Jagdwaffen kamen aus Suhl – dort erfand später einer auch die Maschinenpistole. Viele Ortsnamen beginnen mit der Silbe »Glas ...«. Die Rohstoffe dazu gab es reichlich. So entwickelten sich, zumeist in Kleinbetrieben, zum großen Teil auch als Heimarbeit, Glasbläserei und Glasproduktion in den verschiedensten Varianten.

*Den Wächtern der Wartburg entging kein Ankömmling. Die wenigen Zugangswege von Eisenach waren durch eine Zugbrücke und Tore mehrfach gesichert.*

Auch die Spielzeugherstellung ist im Thüringer Wald heimisch. In Ohrdruf hat 1865 Carl Eduard Meinung das erste Schaukelpferd geschaffen – 1913 lieferte allein Sonneberg 20 Prozent der Weltproduktion an Spielwaren, wie die »Sonneberger Reiterlein«, anderes Holzspielzeug und Puppen.

Es waren Thüringer, die das Porzellan für Europa entdeckten. Johann Friedrich Böttcher (1682–1719) stammte aus Schleiz, er wirkte in Dresden. Die beiden anderen, die unabhängig von ihm darauf kamen, Hans Greiner und sein Kollege Macheleidt, waren im Lande geblieben. Zahllos waren die kleinen Manufakturen, wenige haben überlebt. Aber Thüringer Porzellan ist noch immer ein Faktor auf dem Markt und wird es dank seines unverwechselbaren Stils hoffentlich bleiben, auch wenn es heutzutage in Fabriken von beachtlichen Dimensionen produziert wird wie in Kahla oder Ilmenau.

Andere bedeutende Industriebetriebe gibt es in großer Zahl, konzentriert um einige Städte, viele davon mit den Problemen des Strukturwandels beladen. Mancherorts scheint der Durchbruch bereits gelungen zu sein. So ist Eisenach auf dem besten Wege, seine große Tradition in der Automobilherstellung auch für die Gegenwart und Zukunft zu festigen.

Eine bedeutende Schlüsselstellung nimmt ein Industriekomplex ein, der in der zweiten Hälfte des vergangenen Jahrhunderts in Jena aus einer schlichten Mechanikerwerkstatt hervorgegangen ist – nicht nur wegen seiner Produktion, sondern auch wegen der von Anbeginn eingebrachten sozialen Komponente.

Es war schon ein Glücksfall, der den Mechaniker Carl Zeiß (1816–1888) aus Weimar, den Physiker Ernst Abbe (1840–1905) aus Eisenach und den Glaschemiker Otto Schott (1851–1935) aus Mainz zusammengeführt hat. Es ist Abbes Verdienst, den Betrieb in die Carl-Zeiss-Stiftung überführt zu haben. Was das für die soziale Sicherheit der »Zeissianer«und für die Stadt bedeutet hat, das wäre ein Buch für sich.

Industrie ist freilich auch in Thüringen nicht nur Gewinn, sondern ebenso Belastung. Die Kaliindustrie, zu DDR-Zeiten exportstark, und die Wismut-AG ostwärts von Gera haben nicht nur schwere soziale Lasten, sondern vor allem schwerste ökologische Schäden hinterlassen.

## *Ein gastliches Land*

Es ist zu hoffen, daß jener Wirtschaftszweig, der wohl künftig noch mehr als bisher Raum in Thüringen gewinnen wird, von vornherein Schäden begrenzt, daß also der Fremdenverkehr bei einem »sanften Tourismus« bleibt. Der Thüringer Wald ist es natürlich vor allem, der die Gäste anzieht, im Sommer wegen der noch wenig gestörten Landschaft – man kann hier zuweilen noch stundenlang im Wald wandern, ohne einen Menschen zu treffen – und im Winter wegen der guten Schneeverhältnisse; schließlich ist Oberhof nicht zufällig eines der erfolgreichsten Wintersportzentren Deutschlands.

So bietet sich Thüringen als großes Mosaik dar, nicht immer und überall in harmonischem Übergang, sondern oft auch in interessanter Spannung. Thüringen – das sind Burgen und Dörfer, Städte und Schlösser, das ist Waldeinsamkeit und zweifellos auch die verwundete Landschaft der Wismut. Thüringen ist das Mutterland der Reformation und das Land der Heiligen Elisabeth. Thüringen steht für die Minnesänger wie für Johann Sebastian Bach, für Meister Eckart wie für Ernst Haeckel. Aber auch der Widerspruch zwischen Weimar und Buchenwald ist ein Stück dieses historisch so vielschichtigen, so bunten und überaus reichen Landes im Herzen Deutschlands, das zum Sehen und zum Erleben einlädt.

*Häuschen bei Friedrichshöhe auf dem Rennsteig. Der berühmte Wanderpfad verläuft über 168 Kilometer auf dem welligen Höhenkamm des Thüringer Waldes zwischen Hörschel und Blankenstein. Bereits im 10. Jahrhundert wurde die Route von berittenen Kurieren genutzt.*

*Naturerlebnis Wald – den müden Wanderer lädt am Rennsteig manch sonniges Plätzchen zur Rast zwischen jungen Fichten und Gras ein (oben).*

*Nachfolgende Doppelseite:*
*Hier am Rennsteig, in der Gegend um Stützerbach, könnte Goethe seinen Herzog Carl August zur Jagd begleitet haben. Bis heute hat der historische Gipfelweg nichts von seiner Attraktivität verloren. Ob gemütlich mit Rucksack und Wanderstock oder sportlich beim Rennsteiglauf – die herrlich weiten Ausblicke ins Thüringer Land belohnen den Wanderfreund ebenso wie den Crossläufer.*

*In Kaskaden stürzt die Truse über 58 Meter zu Tal. Der beeindruckende Trusetaler Wasserfall wurde 1865 künstlich angelegt, um die Wildwasser des Flüßchens, das am Inselsberg entspringt, zu bändigen. Die Trusetaler feiern hier jedes Jahr am zweiten Sonntag im Juli das Wasserfallfest.*

*Die eindrucksvolle Mittelschiffarkade im Langhaus der Klosterkirche von Paulinzella. Mit Friedrich Schiller begann die Wiederentdeckung des malerischen Ensembles, für die Dichter und Maler der Romantik wurde die Ruine in der Waldeinsamkeit des Rottenbachtales zu einer wahren Kultstätte.*

*Die romanische Klosterruine Paulinzella und das ehemalige fürstliche Amtshaus gelten als schönste Architekturdenkmäler ihrer Art in Thüringen. Aus der 1106 von der Witwe Paulina gestifteten Einsiedelei schufen Benediktinermönche eine blühende Klostergemeinde. Nach der Reformation wurde Paulinzella aufgelöst und verfiel. Zur Verwaltung seiner ausgedehnten Güter ließ das Haus Schwarzburg gegen Ende des 16. Jahrhunderts das Amtshaus in Fachwerkbauweise errichten.*

*Impressionen aus Deutschlands grünem Herzen: In den Bergen und Wäldern, Tälern und Auen Thüringens finden sich noch viele einsame Flecken, wie bei Brotterode (oben) oder im stillen Schönental bei Oberschönau (rechts).*

*Nachfolgende Doppelseite:*
*Nördlich von Meiningen erhebt sich auf einem Bergkegel über dem Werratal das reizvolle Schloß Landsberg. August Wilhelm Döbner war der Architekt des Märchenschlosses für Herzog Bernhard II. von Meiningen. Die malerische Burganlage beherbergt heute ein Hotel.*

*Blick in den Hof des Schlosses Bertholdsburg in Schleusingen, das am Südrand des Thüringer Waldes liegt. Das mächtige Renaissanceschloß war Sitz der Grafen von Henneberg, deren politischer Einfluß sich im Mittelalter bis nach Böhmen und Brandenburg erstreckte. Heute ist im Gebäude das interessante Schleusinger Heimatmuseum mit einer umfangreichen Spielzeugsammlung untergebracht.*

*Die imposante Wehranlage der Kirchenburg Walldorf im Werratal. Auf einem hohen Sandsteinfelsen erheben sich die mächtigen Mauern und Türme der mittelalterlichen Festung, die im Dreißigjährigen Krieg der bäuerlichen Bevölkerung als Fluchtburg diente. Den Kirchturm des im Jahre 1587 erbauten Gotteshauses bildet der ehemalige Bergfried.*

*Ein Prunkstück der deutschen Renaissance ist das Hildburghäuser Rathaus – bauliches Symbol für Bürgerstolz und Gewerbefleiß. Einst boten Händler in der offenen Verkaufshalle im Erdgeschoß ihre Waren feil. Die wichtigsten Innungen haben auf dem Bogen der heute zugemauerten Arkaden ihre Zeichen angebracht: Schneider, Müller, Schmiede und Bäcker, Fischer, Tuchmacher und Schafhirten.*

*Ein ungewöhnlich nüchternes Beispiel barocker Baukunst stellt Schloß Elisabethenburg in Meiningen dar, die Residenz der Herzöge von Sachsen-Meiningen. In die großzügige dreiflügelige Anlage von 1682 wurde – im Bild rechts – ein Teil der alten spätgotischen Wasserburg miteinbezogen. Heute beherbergen die Räume eine Musikschule.*

*Bis in die Gegenwart reicht der Ruhm der »Meininger«, jenes Theaterensembles, das in der zweiten Hälfte des 19. Jahrhunderts unter der Leitung von Georg II. von Sachsen-Meiningen große Erfolge feierte. Die Reformarbeit des musischen Herzogs war in seiner Zeit wegweisend. Dem Geschmack der Gründerzeit entsprechend, machte seine Truppe vor allem wegen der Massenszenen mit historisierenden Kostümen in ganz Europa Furore. Oben: Das Foyer des Stadttheaters mit dem Porträt des herzoglichen Gründers. Kleines Bild: Die Theaterkasse. Rechte Seite: Der Zuschauerraum mit Kuppeldecke in historisierendem Stil.*

*Der Bau der Eisenacher Georgenkirche geht auf das frühe 16. Jahrhundert zurück. Luther predigte von ihrer Kanzel, Johann Sebastian Bach wurde hier getauft. Das Gotteshaus ist heute die evangelisch-lutherische Bischofskirche von Thüringen. Der Marktbrunnen im Vordergrund zeigt den heiligen Georg, Schutzpatron der Stadt Eisenach, im Kampf mit dem Drachen.*

*An der Ostseite des Eisenacher Marktplatzes, umgeben von alten Fachwerkhäusern, steht das markante ziegelrote Rathaus. Ursprünglich war es das Brothaus der Bäckerzunft. Nach dem Stadtbrand von 1636 wurde es vom Stadtbaumeister Hans Leonhard im Stil der Renaissance verändert.*

*Nachfolgende Doppelseite: Stadt Luthers und Melanchthons, Gründungsort des nach ihr benannten Reformationsbundes – Schmalkalden schrieb sich in das Buch der deutschen Geschichte ein. Über den Dächern der mittelalterlichen Fachwerkhäuser thront die imposante Wilhelmsburg, ab 1585 Sitz der damals hessischen Stadtherren.*

*Vor dem Hintergrund des Thüringer Waldes erhebt sich die Wartburg. Juwel romanischer Baukunst, Zentrum höfisch-ritterlicher Kultur und später der Reformation, Freiheitssymbol für ein geeintes Vaterland – nicht zu Unrecht wird sie die »steinerne Chronik Deutschlands« genannt. Seit der deutschen Wiedervereinigung wurde die »Krone Thüringens« jährlich von mehr als einer Million Gästen besichtigt.*

*Die Elisabethkemenate auf der Wartburg. Original erhalten ist nur die gedrungene Mittelsäule mit dem Adlerkapitell, die das romanische Kreuzgratgewölbe trägt. Kaiser Wilhelm II. stiftete zu Beginn unseres Jahrhunderts die Wandverkleidung aus historisierenden Glasmosaiken. Sie zeigen Szenen aus dem Leben der Landgräfin Elisabeth, die ein aufopferungsvolles Leben im Dienst der Kranken und Armen führte.*

*In diesem Zimmer warf Luther sein Tintenfaß nach dem Teufel. Hier übersetzte der Reformator, der auf der Wartburg unter dem Decknamen Junker Jörg Unterschlupf fand, das Neue Testament aus dem Griechischen ins Deutsche. Der kleine Raum in der Vogtei ist mit einem bäuerlichen Kastentisch aus Luthers Elternhaus eingerichtet, an der Wand hängen Porträts von Luther und Philipp Melanchthon von Lucas Cranach dem Älteren.*

*Der Rittersaal im Erdgeschoß des Palas ist weitgehend im Originalzustand erhalten. Die Mittelsäule trägt ein wuchtiges Kreuzgratgewölbe. Hier gingen vielleicht die Minnesänger ein und aus, die sich auf der Wartburg zum edlen Wettstreit um die schönste Dichtung eingefunden hatten. Moritz von Schwind hat diese legendäre Begebenheit auf einem Fresko im Sängersaal dargestellt.*

*Nachfolgende Doppelseite: Die Nacht senkt sich über die Höhenzüge des Thüringer Waldes. Der Regenberg bei Friedrichroda (im Bild) ist ebenso wie sein berühmterer Nachbar, der Große Inselsberg, ein beliebtes Wanderziel.*

*Fichtenkulisse am Regenberg. Hell und Dunkel der Grashalme und Baumwipfel setzen sich im Licht der frühen Dämmerung effektreich gegeneinander ab.*

*Thüringens Wälder haben mit den schweren Umweltsünden der Industrie hart zu kämpfen.*

*Nachfolgende Doppelseite: Auf einer waldbestandenen Höhe des Kyffhäusergebirges erhebt sich seit nunmehr beinahe hundert Jahren das Kaiser-Wilhelm-Nationaldenkmal. Hier, an der Thüringer Pforte, lagen die mittelalterlichen Reichsburgen der letzten Salier-Kaiser. Ihre Festungen ließ Friedrich I. Barbarossa vergrößern und ausbauen. Auf dem Kyffhäuser hatte er seinen Hofsitz.*

*Musterbeispiel einer gotischen Kathedrale ist die Mühlhäuser Marienkirche mit ihren schlanken Türmen, dem zarten Filigranwerk, den zahlreichen Giebeln und Wasserspeiern. Hier agitierte Thomas Müntzer um 1520 als Prediger, und feierten seine fürstlichen Bezwinger mit einem Dankgottesdienst den Sieg über die aufständischen Bauern.*

*Die mittelalterliche Mühlhäuser Stadtbefestigung mit dem Rabenturm. Thomas Müntzer, der Prophet einer freien Gesellschaft und Anführer des Bauernkrieges, wurde hier, vor den Mauern der Stadt, 1525 enthauptet.*
*Das Denkmal des Bildhauers Will Lammert aus dem Jahre 1956 erinnert an den Revolutionär im Predigerrock.*

*Nächtlicher Blick von der kunstvollen Balustrade am Leinakanal auf den Hauptmarkt von Gotha. Das prächtige Renaissancerathaus im Zentrum ist umgeben von schönen Bürgerhäusern aus dem 16. bis 18. Jahrhundert, die vom Reichtum der Händler zeugen.*

*Der lichtdurchflutete Rokokosaal in Schloß Sondershausen ist nur einer von zahlreichen verschwenderisch ausgestatteten Repräsentationsräumen dieser nördlichsten thüringischen Residenz. Die Fürsten von Schwarzburg-Sondershausen wetteiferten mit den größten deutschen Residenzen im höfischen Luxus. Finanziert wurde der Prunk durch den Verkauf von Ämtern.*

*Ein Schmuckstück des Hochbarock ist der Riesensaal in Schloß Sondershausen. Der Lust an perspektivischen Effekten ließen die Brüder Nicola und Giovanni Battista Carcani in dem für seine Größe niedrig wirkenden Raum freien Lauf. Die sechzehn plastischen Stuckgötter schuf Gottfried Kuel.*

*Die Decke des Riesensaals schmücken großartige Stuckverzierungen, die zwölf Gemälde mit Szenen aus den Metamorphosen des Ovid umrahmen.*

*Der Festsaal auf Schloß Friedenstein in Gotha. Barocke Würde, die verspielte Grazie des Rokoko und klassizistischer Ernst vereinen sich zu einer prachtvollen Kulisse höfischen Zeremoniells. Die Wappen der Besitztümer des Herzogtums Sachsen-Gotha prunken an den Wänden.*

*Quintett in Livree und Dreispitz. Diese reizende Szene ist nur ein kleiner Auschnitt der Puppenstadt Mon Plaisir im Neuen Palais von Arnstadt. Die einzigartige Sammlung von über vierhundert Puppen, an deren Herstellung der gesamte Hofstaat der Fürstin Augusta Dorothea von Schwarzburg-Arnstadt beteiligt war, vermittelt einen interessanten Einblick in das Leben einer deutschen Residenzstadt des 18. Jahrhunderts.*

*Die Kirchgalerie im Museum von Schloß Friedenstein in Gotha. Die bedeutende Sammlung beruht auf der 1647 eingerichteten herzoglichen Kunstkammer. Deutsche, holländische und flämische Malereien des 17. und 18. Jahrhunderts ergänzen den bedeutenden Bestand an gotischen Schnitzwerken, Flügelaltären und mittelalterlicher Tafelmalerei.*

*Im Chor der Liebfrauenkirche zu Arnstadt, einer der herrlichsten Sakralbauten Deutschlands aus der Übergangsepoche von der Romanik zur Gotik, steht der kostbare Flügelaltar aus dem Jahre 1498. Er ist das Werk unbekannter thüringischer Meister. Der Altarschrein zeigt die Krönung Mariens, die beiden Seitenteile schildern Begebenheiten aus dem Marienleben und aus Heiligenlegenden.*

*Wegweiser zum Himmel. Blick vom Erfurter Domplatz auf die Dachlandschaft von Dom und Severikirche.*

*Auf dem Domhügel von Erfurt liegen die Anfänge der thüringischen Kirchengeschichte. Der heilige Bonifatius, der Apostel der Deutschen, erhob die Stadt im 8. Jahrhundert zum Bischofssitz Thüringens. Wegen seiner vielen Klöster, Kirchen und Kapellen wurde Erfurt im Mittelalter das »deutsche Rom« genannt. Im Gegenlicht verschmelzen die Silhouetten der dreitürmigen Severikirche und des Mariendoms zu einer majestätischen Krone.*

*Der Florabrunnen auf der Westseite des Erfurter Angers mit den allegorischen Figuren von Industrie und Gartenbau, geschaffen 1889 von dem Bildhauer Karl Stockhardt.*
*Der Anger war im Mittelalter Marktplatz, heute ist er die Haupteinkaufsstraße von Erfurt.*

*Nächtliche Schaufensterfront auf der Krämerbrücke von Erfurt. Sie gilt als die älteste mit Häusern bebaute Brücke nördlich der Alpen und ist zugleich das älteste profane Bauwerk der Stadt. Die Läden im Erdgeschoß der Fachwerkhäuser bieten allerdings nicht mehr wie im Mittelalter »Kramwaren« an, sondern Antiquitäten und geschmackvolle Souvenirs für Touristen.*

*Sonnenuntergang über den Hügeln der Drei Gleichen. Die Wachsenburg, im Bild links, ist eine Festung des malerischen Trios im Vorland des Thüringer Waldes. Einst Grenzbefestigung, dann Vogtei, Wechselpfand verschuldeter Adeliger, Raubritternest und Arrestanstalt, beherbergt sie heute ein Restaurant mit Weinstube.*

*Das Weimarer Rathaus am Markt im Fahnenschmuck. Das ursprüngliche, im Stil der Renaissance erbaute Rathaus brannte 1837 ab und wurde durch diesen neugotischen Bau ersetzt, der nur wenig zum gemütvollen Charakter des alten Platzes mit den schönen Bürgerhäusern und Gasthöfen paßt.*

*In Schloß Weimar residierte Goethes Herzog Carl August, durch dessen geistige Aufgeschlossenheit eine historische und kulturelle Blütezeit entstehen konnte. An der Gestaltung und Ausführung des Schlosses, das als Nachfolgebau der 1774 niedergebrannten Wilhelmsburg im klassizistischen Stil errichtet wurde, hat Goethe als Leiter der Baukommission mitgewirkt.*

*Die Gesellschaftsräume im Goethehaus am Frauenplan in Weimar. Hier verbrachte der Dichter 47 Jahre seines Lebens. Die nach den Erkenntnissen der Farbenlehre farblich abgestimmten Räume, der auf die Antike ausgerichtete Schmuck der Decken und Wände, das klassizistische Ebenmaß der Architektur – alles ist Ausdruck von Goethes Persönlichkeit.*

*Oben: Blick in das Kleine Eßzimmer. Die Glasvitrine und der Mappenschrank enthalten Stücke aus Goethes reicher Kunstsammlung.*
*Rechts: Das Junozimmer, so benannt nach der Büste der römischen Göttin, die Goethe hier aufstellen ließ. Dieser Raum diente als Empfangs- und Musikzimmer, viele berühmte Zeitgenossen waren hier Gäste des Dichters.*

*Der Park des Weimarer Lustschlosses Belvedere auf der Eichenleite. Auch bei der Gestaltung dieses englischen Landschaftsgartens hat Goethe entscheidend mitgewirkt. Eichen, Eschen, Robinien und Ahornbäume wechseln mit Büschen und freien Wiesenflächen. Hier trafen sich die Weimarer Kunstfreunde in froher Geselligkeit; »unter blühenden Bäumen beim Gesang der Nachtigallen« las Goethe aus seinen Werken vor.*

*»Hab ein liebes Gärtchen vorm Tore an der Ilm schönen Wiesen. Ist ein altes Häuschen drinne, das ich mir reparieren lasse«, schrieb Goethe 1776 an Auguste von Stolberg. Bis zu seinem Umzug in das Haus am Frauenplan lebte Goethe hier, aber auch später noch verbrachte er Stunden, Tage, Wochen in seiner geliebten »Klause«, wo er sich vom Trubel des Weimarer Hofes erholte.*

*Der Musentempel im Schloßpark von Tiefurt. Hier »rustizierten« die Weimarer Freunde als Gäste der Herzogin Anna Amalia. Man las und musizierte, wandelte auf den Promenadenwegen des englischen Gartens und erfreute sich an kleinen Singspielen auf der Rosenbühne des Waldtheaters. Prominenteste Miglieder des Tiefurter Musenhofes waren Goethe und Wieland, Herder und Schiller.*

*Blick vom Historischen Friedhof mit der Grabstätte des Schriftstellers Johann Peter Eckermann auf die Russisch-Orthodoxe Kirche. Sie wurde 1859 bis 1863 als Grabkapelle für die Großherzogin Maria Pawlowna errichtet. Die Mutter des Großherzogs Karl Alexander war während ihrer Weimarer Jahre innerlich stets ihrer alten Heimat treu geblieben. Russische Künstler schufen die Innenausstattung, in russischer Erde ruht der Grundstein der außergewöhnlichen Kirche.*

*Oben: »Freudig trete herein!« – so beginnt der Vers, der den Besucher der Dornburger Schlösser hoch über der Saale empfängt. Goethe, der sich hier oft und gerne als Gast des Herzogs aufhielt, liebte insbesondere das Rokokoschloß inmitten von Weinbergen und anmutigen Gärten. Heute ist hier eine der schönsten Goethe-Gedenkstätten eingerichtet.*

*Kleines Bild rechts: Beim südlichen Dornburger Schloß, das ebenfalls im Stil der Renaissance erbaut wurde, ist ein kleiner englischer Park angelegt worden. Goethe hielt sich hier den Sommer nach dem Tod seines Freundes, des Großherzogs Carl August, auf. In den Gärten und Rebhängen des Anwesens betrieb er Studien in Botanik, Weinbau, Meteorologie und Geologie.*

*Rechte Seite: Die Gartenanlagen der Dornburger Schlösser mit ihren Lusthäusern, Rosenlauben, Hecken und Beeten sind originalgetreu wiederhergestellt worden. Die Gartenskulpturen sind Kopien der Plastiken aus dem späten 18. Jahrhundert.*

*Am Nordrand des Frankenwaldes werden die fruchtbaren Böden landwirtschaftlich intensiv für Getreidekulturen genutzt. Die Moorflächen in diesem Gebiet werden zu Heilzwecken verwendet. Im nahegelegenen Städtchen Lobenstein, einst stolze Residenzstadt des Zwergfürstentums Reuß-Lobenstein, erhalten Rheumakranke Moorpackungen und Schlammbäder.*

*Der Höhepunkt jeder Rennsteigwanderung: die Aussicht vom Großen Inselsberg. Weit geht der Blick über liebliche Täler und sanfte Hügel, über die ausgedehnten Waldungen des Thüringer Waldes und über fruchtbares Bauernland. An klaren Tagen kann man im Norden den Brocken erkennen, und im Südwesten bis zur Wasserkuppe in der Rhön sehen.*

*Auf wertvolle Zeugnisse der traditionsreichen Kultur Thüringens kann man in beinahe jedem Dorf stoßen. Diese herrliche Schmiedeeisenarbeit schmückt das schwere Eingangstor zur Kirche von Kulm in der Nähe von Saalburg. Die Kästchen im Vorraum enthalten Votivgaben der einheimischen Bevölkerung, sie sind Beispiele der tief verwurzelten Volksfrömmigkeit.*

*Blick über den neuen Friedhof Lobenstein zur neugotischen Pfarrkirche St.Michael (Bildmitte). Dahinter ist der mächtige Bergfried der mittelalterlichen Burganlage zu sehen. Zu seinen Füßen, im Tal der Lemnitz, liegt das malerische Städtchen mit seinem altfränkischen Marktplatz und den kleinen, schiefergedeckten Häusern.*

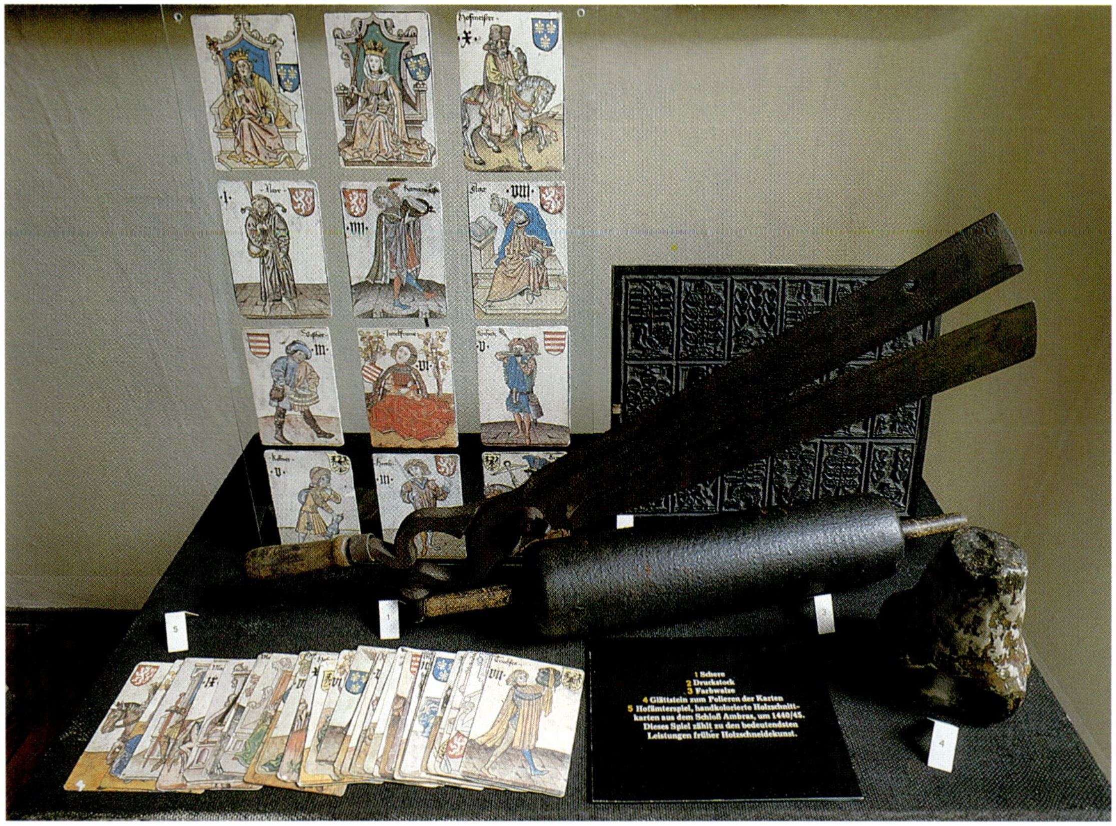


*Ausstellungsstücke des Spielkartenmuseums im Altenburger Schloß.*
*Oben: Holzschnittkarten des sogenannten Hofämterspiels.*
*Unten: Druckstock und Bogen eines Skatspiels. Die größte Spielkartensammlung der Welt umfaßt selbstverständlich auch die gesamte Produktionspalette der örtlichen Spielkartenfabrik. Der Ruhm der »Kartenstadt« Altenburg ist wohlbegründet, waren es doch ihre Bürger, die zu Beginn des 19. Jahrhunderts das Nationalspiel der Deutschen, den Skat, erfanden.*

*Markttag in Pößneck. Die Stadt an der Orla kam durch Tuchmacherei und Gerberei schon früh zu Wohlstand. Das bezeugt das stattliche Rathaus, ein Übergangsbau von der späten Gotik zur Renaissance. Das gotische Giebelhaus wendet seine östliche Seite, die von einer Treppe akzentuiert ist, dem Markt zu. Sie ist das eigentliche Schmuckstück des Gebäudes, mit Schildgiebel und Brüstungen, die mit feinem gotischen Maßwerk verziert sind.*

Markantes Wahrzeichen der Kreisstadt Saalfeld ist die mächtige Burgruine »Hoher Schwarm«. Der viergeschossige Wohnturm auf steilen Felswänden hoch über dem Ufer der Saale wurde vielleicht schon zu staufischer Zeit errichtet. Er diente als Eckbastion der Stadtmauer, war gleichzeitig aber auch zur Stadt hin abgesichert. Die Vögte, die ihn bewohnten, scheinen jedenfalls vorsichtige Männer gewesen zu sein. Nach dem 16. Jahrhundert verfiel die Anlage.

Schloß Burgk, eine der schönsten Burgen des Thüringer Vogtlandes, scheint über dem Wasserspiegel der Saale zu schweben. Die ursprünglich mittelalterliche Schutzburg wandelte sich im Laufe der Zeiten zu einem Schloß, das als Sommer- und Jagdsitz der Herrschaft Reuß diente. Das hier eingerichtete Museum erinnert an den »Erfinder« des weißen Porzellans, Johann Friedrich Böttger, und an Konrad Duden, den Reformer der deutschen Rechtschreibung, der im nahen Schleiz Gymnasialdirektor war.

*Die märchenhafte unterirdische Welt der Feengrotten in der Nähe von Saalfeld zieht jedes Jahr große Besucherscharen an. Zwischen 1540 und 1846 wurde hier Alaunschiefer abgebaut. Die Gerber, Färber und Papierschöpfer benötigten damals Alaun als Beiz- und Leimmittel. Durch Auslaugung verschiedener Mineralien und natürliche Oxidation bildeten sich im Laufe der Jahrhunderte farbenprächtige Tropfsteine.*

*In frischem Glanz erstrahlt der hohe Innenraum der Pfarrkirche St. Johannis in Saalfeld, die erst kürzlich restauriert wurde. Ein wunderbares spätgotisches Sterngewölbe überspannt das Mittelschiff der Kirche.*

*Die Schloßkirche von Altenburg ist ein Schatzkästlein verschiedenster Stilepochen. Von der mittelalterlichen Pfalzkapelle ist eine Grabplatte erhalten. Aus dem spätgotischen Gotteshaus stammen das komplizierte Sterngewölbe über dem Altarraum und das Chorgestühl. Die Emporen wurden im Barock eingezogen, auch der prächtige Altar datiert aus dem 17. Jahrhundert.*

*Westlich von Schleiz liegt ein weiteres sehenswertes Gotteshaus. Die frühbarocke Kapelle von Schloß Burgk birgt als besonderen Schatz die weißgoldene Orgel Johann Gottfried Silbermanns aus dem Jahre 1743.*

*Eine sakrale Kostbarkeit ist die Bergkirche St. Marien im ostthüringischen Städtchen Schleiz. Barocker Skulpturenschmuck, üppige Stuckdekoration, ornamentale Wandmalereien und ein spätgotisches Netzgewölbe schmücken den Kirchenraum, wo die Angehörigen des Hauses Reuß-Schleiz vom 16. Jahrhundert bis 1913 prunkvoll zur letzten Ruhe gebettet wurden.*

P

*Abend am Marktplatz von Saalfeld. Die Stadt war zu Beginn der Neuzeit eine blühende Gemeinde, die ihren Reichtum den ergiebigen Eisen- und Silbervorkommen in der Umgebung verdankte. Das Renaissancerathaus mit dem bemerkenswerten Treppenturm und dem nadelspitzen Helm liegt im Zentrum der historischen Altstadt.*

*Das Rathaus von Gera, das im 16. Jahrhundert seine heutige Gestalt erhielt, ist eines der schönsten Mitteldeutschlands. Der achteckige Turm, der die umliegenden Dächer überragt, setzt einen markanten städtebaulichen Akzent. Der Simsonbrunnen in der Mitte des Marktplatzes ist eine Kopie des Bildwerkes von Caspar Junghans dem Älteren aus dem Jahre 1686.*

*Der Gründer der Universität Jena, Kurfürst Johann Friedrich, dreht dem modernen Universitätshochhaus den Rücken zu. Der riesige Zylinder, der von den Studenten spöttisch »Phallus Jenensis« genannt wird, kontrastiert mit dem hell erleuchteten Rathaus, im Bild links.*

*Die »Alte Göhre« war ursprünglich die Marktmühle von Jena. Das spätgotische Patrizierhaus mit den seltenen Vorhangbogenfenstern und dem Fachwerkgiebel beherbergt heute das Stadtmuseum, eine der interessantesten heimatkundlichen Sammlungen Thüringens. Im Hintergrund der Turm der Michaeliskirche. Er wurde im Zweiten Weltkrieg beschädigt und trägt bis in die Gegenwart ein provisorisches Dach.*

*In den Tiefen der bizarren Barbarossahöhle bei Rottleben. Hier im Kyffhäusergebirge soll Kaiser Friedrich Barbarossa in einem unterirdischen Schloß schlafen, bis die Raben ihn dereinst wecken, damit er das deutsche Reich erneuere. Seit der Entdeckung des Höhlensystems wird der Nationalmythos um den Stauferkaiser publikumswirksam vermarktet, die geschäftstüchtige Höhlenverwaltung baute sogar Tisch und Stuhl des Herrschers auf.*

*Hier bei Lobenstein, wo der Frankenwald in den Thüringer Wald übergeht, beginnt die künstliche Saale-Seenlandschaft. Das Ostthüringer Bergland, einst ein Bergbaugebiet mit zahlreichen kleinen Hüttenbetrieben, sieht seine wirtschaftliche Zukunft zu Recht im sanften Tourismus. Der Wald- und Wasserreichtum der Gegend bietet die besten Voraussetzungen dazu.*

*Das stille Gewässer, in dem sich dunkle Fichten und der blaue Himmel spiegeln, ist Teil des größten deutschen Wasserregulierungssystems. Die Bleiloch-Talsperre, erbaut in den Jahren 1926 bis 1932, staut den oberen Lauf der Saale in der Höhe von Saalburg. Sie dient der Energiegewinnung und Trinkwasserversorgung, ist aber auch ein beliebtes Naherholungsgebiet.*

*Nachtstimmung am Bleiloch-Stausee. Die über neun Quadratkilometer große Wasserfläche verdankt ihren Namen zwei tiefen Grabungen an ihrem linken Ufer: Das kleine und das große Bleiloch zeugen vom einstigen Bergbau in dieser Region.*

THÜRINGEN
0 10 km
N
Burg
Burgruine
Höhle
NIEDER-SACHSEN
SACHSEN-ANHALT
SACHSEN
HESSEN
BAYERN
TSCHECHISCHE REPUBLIK
RHÖN
EICHSFELD
THÜRINGER BECKEN
THÜRINGER WALD
THÜRINGER SCHIEFER-GEBIRGE
HOLZLAND
VOGTLAND
Göttingen
Osterode
Bad Lauterberg
Duderstadt
Heiligenstadt
Breitenworbis
Dingelstädt
Nordhausen
Sondershausen
Reichsburg Kyffhäuser
Barbarossahöhle
Bad Frankenhausen
Heldrungen
Schlotheim
Mühlhausen
Bad Soden
Eschwege
Sontra
Bad Langensalza
Sömmerda
ERFURT
Gr. Ettersberg 478
Weimar
Oßmannstedt
Apolda
Vierzehnheiligen
Dornburg
Bürgel
Cospeda
Jena
Eisenberg
Eisenach
Wartburg
Gotha
Ruhla
Friedrichroda
Brotterode
Bad Salzungen
Bad Liebenstein
Schmalkalden
Luisenthal
Oberhof
Ruine Mühlburg
Arnstadt
Dornheim
Stadtilm
Bad Berka
Kahla
Neustadt
Rudolstadt
Bad Blankenburg
Ilmenau
Langewiesen
Gehlberg
Königsee
Schwarzburg
Saalfeld
Kaulsdorf
Pößneck
Hohenwarte-Talsperre
Leutenberg
Bleiloch-Talsperre
Wasungen
Walldorf
Meiningen
Suhl
Schleusingen
Lauscha
Bauerbach
Römhild
Hildburghausen
Eisfeld
Sonneberg
Gersfeld
Mellrichstadt
Bad Neustadt
Schweinfurt
Coburg
Sonnefeld
Kronach
Frankenwald
Lichtenfels
Krumbach
Selbitz
Hof
Rehau
Selb
Cheb (Eger)
Plauen
Oelsnitz
Klingenthal
Schleiz
Zeulenroda
Greiz
Weida
Gera
Zwickau
Schmölln
Gößnitz
Altenburg
Meuselwitz
Zeitz
Borna
Naumburg
Weißenfels
Merseburg
Halle
LEIPZIG
Taucha
Querfurt
Sangerhausen
Eisleben
Hettstedt
Aschersleben
Harzgerode
Zörbig
Bitterfeld
Bad Düben
Leine
Wipper
Unstrut
Werra
Nesse
Gera
Ilm
Saale
Weiße Elster
Pleiße
1 2 3 4 5 6 7 8 9 10 11 12 13 14 15 16 17 18 19 20 21 22 23 24 25 26 27 28 29 30 31 32 33 34

# *Thüringens Landschaften und Städte – ein Glossar*

*Ingrid und Lothar Burghoff*

Die Numerierung der Orte verweist auf die Karte auf Seite 120.

### *Thüringens Kernlandschaft – das Thüringer Becken*

Mitte und Norden des Bundeslandes werden von der Großlandschaft des Thüringer Beckens eingenommen, dem eigentlichen Kernland Thüringens. Es erstreckt sich zwischen dem Harz im Norden, dem Thüringer Wald und dem Thüringischen Schiefergebirge im Süden bis zum Holzland und Altenburg im Osten. Im Südosten schließt die Vogtländische Platte die Region ab. Landschaftlich zeigt das Thüringer Becken den für Mitteldeutschland charakteristischen Wechsel von Hügelland und Mittelgebirge, nur einzelne Höhenrücken ragen aus der sanftgewellten Landschaft heraus. Die Randzonen sind vom Norden bis zum Osten von ausgedehnten Laubwäldern bedeckt, der rotbuchenbestandene Kyffhäuser ist dafür ein besonders schönes Beispiel. Die vielbesungene Saale sowie die Unstrut, an deren Ufern im Jahr 531 das Schicksal des Thüringerreiches besiegelt wurde, sind die bekanntesten Flüsse.
Fruchtbare Schwarzerden und das günstige Klima im Wind- und Regenschatten des Harzes haben der Region bereits früh den Ruf eingetragen, eine »Schmaltzgrube von Teutschland« zu sein. Von diesem thüringischen Kernland aus erfolgte die Besiedlung des Thüringer Waldes, und in dieser Landschaft zwischen Eisenach und Altenburg erwuchsen auch seine bedeutendsten Städte, mit der heutigen Landeshauptstadt Erfurt an der Spitze. Von den zahlreichen Residenzstädten ist Weimar als Zentrum der deutschen Klassik mit Abstand die wohl berühmteste. Die von alten Heer- und Handelswegen durchzogene Region wurde oft zum Schauplatz der Geschichte, im guten wie im schlechten Sinn.

### Apolda (1)

Apolda war ein kleines Ackerbürgerstädtchen, bis um 1593 ein Handwerker namens »David der Strickersmann« das Strickgewerbe hier einführte. In kurzer Zeit entwickelte sich der Ort zur »Strickstube Thüringens« und – nach Einführung des Wirkstuhls Ende des 18. Jahrhunderts – zur »Strumpfmanufaktur des Reichs«. 1722 kam noch die Glockengießerei hinzu; 1923 wurde in Apolda die große Glocke des Kölner Doms gegossen. Im *Wirker- und Strickermuseum* (Bahnhofstr. 41) wird die Geschichte der Stadt anhand vieler Sachzeugnisse demonstriert; im gleichen Hause ansässig ist auch ein informatives *Glockenmuseum*.

Im sieben Kilometer entfernten **Kapellendorf** ist eine der größten *Wasserburgen* Ostdeutschlands zu besichtigen. Sie war 1806 Hauptquartier der preußischen Armee, als die Entscheidungsschlacht gegen Napoleon bei Auerstedt ihre zweite blutige Etappe erlebte. Gedenktafeln erinnern an das kriegerische Geschehen. Das sechs Kilometer von Apolda entfernte **Oßmannstedt** besitzt im ehemaligen Gutshaus eine reizvolle *Gedenkstätte für Christoph Martin Wieland*. Der »deutsche Voltaire« war 1797 »mit Sack und Pack, Kind und Kegel« hierher gezogen, um fern vom lauten Weimar »zu rustizieren«, das heißt sich der bäuerlichen Lebensweise zuzuwenden. Ein häufiger Gast war Goethe, der vom nahen Oberroßla kam, wo er ein kleines Gut besaß. Im schönen Park an der Ilm hat Wieland mit seiner Frau und Sophie von Brentano seine letzte Ruhestätte gefunden.

### Arnstadt (2)

Das »Tor zum Thüringer Wald«, wie Arnstadt sich nicht zu Unrecht bezeichnet, ist die älteste Stadt Thüringens. Arnstadt wurde 704 erstmals urkundlich erwähnt, als irische Mönche die Region missionierten. Durch seine günstige Verkehrslage an der vielbefahrenen »Waldstraße«, die über das Gebirge führte, aber auch durch Waidhandel, kam der Ort zu Wohlstand. Im 17. Jahrhundert wirkten hier mehrere Generationen der Familie Bach; Johann Sebastian Bach war von 1703 bis 1707 an der Neuen Kirche als Organist angestellt. Der *Markt* mit dem eigenwilligen, 1583/1585 im niederländischen Renaissancestil errichteten *Rathaus* bildet das Zentrum der Stadt. Das *Stadtmuseum* im Haus zum Palmbaum würdigt die Beziehungen der Familie Bach zu Arnstadt.
Ein eindrucksvolles Bild vermittelt die *Liebfrauenkirche* (1180–1330) im Übergangsstil von der Romanik zur Gotik; sie zählt nach dem Naumburger Dom zu den bedeutendsten Kirchenbauten Thüringens. Im *Ried* sind große Fuhrmannshöfe erhalten (u. a. »Zum Großen Christophorus«). Sie stammen aus jener Zeit, da Arnstadt einer der großen Fuhrmannsstützpunkte Thüringens war. Der *Neideckturm* am Schloßplatz, Rest eines prächtigen Renaissanceschlosses, ist das Wahrzeichen der Stadt. Eine besondere Attraktion ist die Puppensammlung *Mon plaisir* im spätbarocken *Neuen Palais*: 400 handgefertigte Puppen geben in 80 Stuben einen bezaubernden Einblick in das höfische Leben des 18. Jahrhunderts. Das Porzellankabinett aus dem 18. Jahrhundert ist das einzig erhaltene

seiner Art in den neuen Ländern. Auf dem *Alten Friedhof* sind 24 Angehörige der Familie Bach begraben (Gedenktafel an der Gottesackerkirche).

In der Kirche des nahen **Dornheim** ließ sich Johann Sebastian Bach 1707 trauen. Im Ort fand 1813 nach der siegreichen Völkerschlacht bei Leipzig ein Treffen des Königs von Preußen, des russischen Zaren und des österreichischen Kaisers statt, auf dem das weitere Vorgehen gegen Napoleon beraten wurde.
Nordwestlich von Arnstadt liegt Thüringens bekanntes Burgenensemble der Drei Gleichen. Außer der **Mühlburg**, 704 erstgenannt, sind das romanische **Gleichenschloß** (11. Jahrhundert) und die immer wehrhafte **Wachsenburg** (12. Jahrhundert, mehrfach umgestaltet) zu erwandern.

### Bad Frankenhausen (3)

Am Fuße des sagenumwobenen Kyffhäusergebirges erstreckt sich der einstige wohlhabende Salzsieder- und heutige Kurort Bad Frankenhausen. Nördlich der Stadt fand am 15. Mai 1525 die entscheidende Schlacht zwischen dem von Thomas Müntzer geführten Bauernheer und einer Fürstenstreitmacht statt; sie endete mit der vernichtenden Niederlage der Bauern. Im barocken *Schloß* dokumentiert das Museum diesen Abschnitt der Frankenhäuser Geschichte. Das ehemalige *Zisterziensernonnenkloster* zählte zu den reichsten Thüringens, wie seine Ausstattung beweist; die großartige Barockorgel ist ihres Wohlklangs wegen berühmt. Das spätgotische *Rathaus*, die romanisch geprägte *Altstädter Kirche* (12. Jahrhundert) sowie die ebenfalls romanische *Oberkirche*, das Gotteshaus der Salzsieder, sind besonders hervorzuheben. Der Hausmannsturm aus dem 12. Jahrhundert war einst ein Schutzturm der Solequellen. Die ehemalige *Stadtbefestigung* ist noch zur Hälfte vorhanden. In der Klosterstraße erinnern mehrere schöne *Bürgerbauten* an die Blütezeit der Stadt.

Auf dem Schlachtberg nördlich Frankenhausens wurde 1975 der wuchtige Rundbau der Bauernkriegsgedenkstätte errichtet; der Leipziger Maler Werner Tübke schuf darin das monumentale Panoramagemälde »Frühbürgerliche Revolution in Deutschland«. Im nahen **Heldrungen** wurde im Turmverlies der Wasserburg, die als eines der besterhaltenen deutschen Festungsbauwerke Vaubanschen Stils gilt, Thomas Müntzer gefoltert, um seinen Widerruf zu erzwingen.

Bad Frankenhausen bildet einen Zugang zum 19 Kilometer langen **Kyffhäusergebirge**, einem verkleinerten geologischen Abbild des Harzes. Im 12. Jahrhundert entstand in 457 Meter Höhe eine der stattlichsten Burgen Thüringens, die vom Barbarossa-Mythos umrankte Reichsburg Kupphese oder **Kyffhausen**. Nahe der zahlreichen Burgruinen entstand im Auftrag der deutschen Kriegervereine ab 1890 das gewaltige, 81 Meter hohe *Kyffhäuserdenkmal*; ein gigantisches Reiterstandbild Kaiser Wilhelms I. feiert den Herrscher des neuen Deutschen Reiches als Nachfolger Barbarossas. Von der Plattform hat man einen weiten Blick über die Goldene Aue. In der **Barbarossahöhle** nahe Rottleben wurden zahlreiche Grotten, Säle und Seen auf romantische Weise mit der Barbarossasage in Verbindung gebracht.

### Eichsfeld (4)

Am nordwestlichen Rand des Thüringer Beckens dehnt sich die herb-schöne Landschaft des Eichsfelds. Die darin liegenden kleinen Städte haben sich ihren besinnlichen Charakter bewahren können, den schon Theodor Storm, der viele Jahre in Heiligenstadt lebte, so sehr schätzte. Vor allem **Duderstadt** glänzt durch seinen ungewöhnlich guterhaltenen Bestand an wunderschönen Fachwerkbauten, sein Rathaus gehört zu den herrlichsten in Deutschland. Seit dem 10. Jahrhundert war das Eichsfeld in kurmainzischem Besitz. Diese historische Zugehörigkeit zum Erzbistum Mainz prägt bis heute das Leben der Eichsfelder, wie vor allem die zahlreichen Wallfahrtsorte beweisen. Nirgendwo sonst im Osten Deutschlands sind auf engem Raum so viele idyllische Wallfahrtsstätten vorhanden. Herausragend ist dabei der **Hülfensberg** bei Geismar, Thüringens Altötting. Auf einem 465 Meter hohen Bergkegel, der einst eine germanische Opferstätte trug, entstand seit dem 14. Jahrhundert eine vielbesuchte Wallfahrtsstätte. Wallfahrten erfolgen zu den Patroziniumstagen Dreifaltigkeit, St. Michael, St. Bonifatius (dem die Legende die Gründung der heiligen Stätte zuschreibt) und St. Johannes der Täufer. Vielbesucht ist auch die Etzelbacher Pferdewallfahrt mit Auto- und Kräuterweihe.

### Eisenach (5)

Eisenach zählt mit der Wartburg zu den Glanzpunkten des Thüringer Landes. Die erste Siedlung entstand als »Isinacha« im Schutze der von Graf Ludwig dem Springer im Jahr 1067 gegründeten Burg und entwickelte sich dank der landgräflichen Gunstbeweise zu einer beachtenswerten Stadt. Hier besuchte seit 1498 der junge Martin Luther die Lateinschule und erwarb damit die Hochschulreife. 1685 erblickte Johann Sebastian Bach in Eisenach das Licht der Welt, Telemann und Pachelbel wirkten hier als Musiker. 1869 wurde in Eisenach von August Bebel und Wilhelm Liebknecht die deutsche »Sozialdemokratische Arbeiterpartei« gegründet. Seit dem Ende des 19. Jahrhunderts ist die Stadt Sitz der Automobilindustrie.
In der guterhaltenen *Altstadt* gibt es zahlreiche Bauten von historischer Bedeutung. An der Nordseite des Marktes steht das barocke *Stadtschloß* von 1742–1751, in dem die Weimarer Herzöge und ihr Minister Goethe oft zu Gast waren (Eisenach war seit 1741 im Besitz des Herzogtums Sachsen-Weimar). Gedenktafeln erinnern an Charlotte von Stein und Luise von Göchhausen, beide Töchter der Stadt. Heute beherbergt das Schloß ein Mu-

*Der Neideckturm – Wahrzeichen von Arnstadt.*

seum mit einer Sammlung Thüringer Fayencen, Gläser und Porzellane. Sehenswert sind auch die wertvollen Möbel von der Renaissance bis zum Biedermeier. Das spätgotische *Rathaus* wurde in der Renaissancezeit nach einem Brand wiederaufgebaut, es beherrscht den Markt. In der spätgotischen Pfarrkirche *St. Georg* (urspr. 12. Jahrhundert) sind vor allem die Grabsteine der Thüringer Landgrafen zu beachten, die von Reinhardsbrunn hierher kamen. Im *Lutherhaus* (Lutherplatz 4), das nach der Zerstörung im Zweiten Weltkrieg originalgetreu wiederaufgebaut wurde, wohnte seit 1498 der Lateinschüler Martinus (Gedenkstätte). In der nahegelegenen frühgotischen *Predigerkirche* ist eine der schönsten Sammlungen sakraler Schnitzplastik Thüringens aus dem 12. bis 16. Jahrhundert zu besichtigen. Die Hospitalkirche *St. Annen* gilt als eine Gründung der Heiligen Elisabeth von Thüringen, die in Eisenach mildtätig wirkte. Im *Bachhaus* (Frauenplan 2) macht eine ständige Ausstellung mit dem Leben und Schaffen des großen Tonmeisters bekannt; es beherbergt eine Sammlung historischer Musikinstrumente und dient auch als gernbesuchte Konzertstätte.

Die alte *Nikolaikirche* stammt aus dem 12. Jahrhundert, sie wurde 1867/1869 neuromanisch erneuert. Das guterhaltene romanische *Nikolaitor* ist das älteste Stadttor des Bundeslandes Thüringen. Dem Andenken zweier Persönlichkeiten, die eng mit Eisenach verbunden waren, ist das *Fritz-Reuter-und-Richard-Wagner-Museum* (Reuterweg 2) gewidmet; die *Richard-Wagner-Bibliothek* ist – nach der Bayreuther – die umfangreichste Wagner-Spezialsammlung Deutschlands. Nahe der Wartburgallee erinnert das *Carl-Alexander-Denkmal* an den großherzoglichen Erneuerer der Wartburg. Der monumentale *Säulenrundbau* auf der Göpelskuppe hält das Andenken an das Burschenschaftstreffen des Jahres 1817 fest. Figuren großer Deutscher schmücken die nationalstolze Erinnerungsstätte.

Höhepunkt eines Eisenachbesuches ist die Besichtigung der **Wartburg**, einer der geschichtsträchtigsten deutschen Burganlagen. Von dieser Burg aus bauten die Landgrafen zielstrebig ihren fürstlichen Machtbereich aus. Hier soll unter der Ägide des kunstsinnigen Hermann I. um 1200 der berühmte Sängerkrieg stattgefunden haben, der die bedeutendsten Minnesänger des Hochmittelalters, Walther von der Vogelweide, Heinrich von Ofterdingen und Wolfram von Eschenbach im Wettstreit vereinte. Die bereits kurz nach ihrem Tode 1231 heiliggesprochene Landgräfin Elisabeth von Thüringen wohnte und wirkte auf der Burg und in »Isinacha«, bevor sie nach dem Tode ihres Gemahls nach Marburg zog. 1521/1522 lebte Martin Luther unter dem Decknamen »Junker Jörg« auf der Wartburg, auf diese Weise sicher vor der Reichsacht geschützt. In seinem »Patmos« (Verbannungsort) übersetzte er die Bibel ins Deutsche und trug damit wesentlich zur Herausbildung der deutschen Schriftsprache bei. Sein Stübchen ist zu besichtigen. 1817 versammelten sich auf der Wartburg 500 Studenten und Professoren aller deutschen Hochschulen zu einer machtvollen Kundgebung für nationale und politische Freiheit.

Nach steilem Aufstieg, über den schon die Minnesänger klagten, wird die Burg über die Zugbrücke betreten und durch das romanische *Torhaus* der erste Burghof erreicht. Seine Fachwerkbauten stammen aus dem 15./16. Jahrhundert. Herausragend das *Ritterhaus*, die *Wehrgänge* und die *Vogtei* mit dem Nürnberger Erker. Zwischen erstem und zweitem Burghof fällt das bauliche Ensemble des Dirnitz, der Neuen Kemenate und des Bergfrieds ins Auge. Am zweiten Burghof erhebt sich der stolze *Südturm* und das spätromanische *Landgrafenhaus* (Palas), der älteste und architektonisch wertvollste Teil der Burg. Darin sind der *Rittersaal*, die südliche *Kemenate* und der historische *Speisesaal* zu bewundern. Eindrucksvoll ist die *Elisabeth-Kemenate* mit den schönen Mosaiken aus dem Leben der Heiligen. Im ersten Obergeschoß führt in der *Elisabeth-Galerie* der romantisch-bunte Freskenzyklus Moritz von Schwinds Szenen aus dem Leben der Fürstin vor Augen. Sehenswert ist auch der berühmte *Sängersaal* und das *Landgrafenzimmer*. Im zweiten Obergeschoß befinden sich der große *Festsaal* sowie *Museumsräume* mit wertvollen Gemälden. Der westliche *Wehrgang* führt zur *Lutherstube*. Für Kinder immer wieder erlebnisreich ist ein Eselsritt von der Eselsstation am Fuße der Burg.

Die nördlich gelegenen **Hörselberge** sind sagenumwoben; hier hat Wotan seinen Sitz und das Wilde Heer, auch Frau Holle erwartet in der Doppelgestalt der Frau Venus die Wanderer, ihr berühmtestes Opfer wurde der Ritter und Minnesänger Tannhäuser.

*Friedrich Barbarossa auf dem Kyffhäuser. Das Denkmal versinnbildlicht das wiedererwachte Reichskaisertum.*

**Erfurt (6)**

In der Mitte des Thüringer Beckens liegt das einst wegen seiner über achtzig Kirchen, Klöster und Kapellen bewunderte »türmereiche Erfurt«, seit 1990 die Landeshauptstadt Thüringens. Das Wahrzeichen der im Jahre 742 in einem Brief des Bonifatius an Papst Zacharias erstgenannten Stadt ist das eindrucksvolle Kirchenbauensemble von Mariendom und Severikirche auf dem Domberg, das sich im Herzen der Stadt befindet. Der *Mariendom* wurde 1154 auf einem älteren Bau als romanische Basilika errichtet. Er erhielt in der Zeit von 1349 bis 1370 seinen prachtvollen hochgotischen Chor, ein Meisterwerk deutscher Architektur. Der Kirchenbau steht auf vorgeschobenen Gewölbetonnen, sogenannten Kavaten, die seine Größe noch betonen. Seit 1455/1465 überspannt ein gewaltiges Walmdach die großartige Halle. Im mittleren der drei Türme, die in früher Zeit spitze Helme ähnlich der Severikirche trugen, hängt die »Gloriosa«, eine der größten Glocken der Welt, im 17. Jahrhundert ihres Wohlklangs wegen als »Königin der Glocken« des Abendlandes gerühmt. Einen überwältigenden Eindruck hinterlassen die farbenprächtigen Glasmalereien der Chorfenster (1370–1420), sie gelten als in Deutschland rare Zeugnisse mittelalterlicher Glasmalerkunst und beeindrucken durch ihre Geschlossenheit. Von den Kunstschätzen des Mariendoms sind besonders das *Chorgestühl* aus dem 14. Jahrhundert, der *Wolframleuchter* aus dem 12. Jahrhundert, der Altaraufsatz mit der thronenden Madonna (1160) und der *Grabstein* des Grafen von Gleichen mit seinen beiden Frauen, um die sich manche Legende rankt, zu nennen.

Die Stiftskirche *St. Severi* (1121 begonnen, später umgebaut) besitzt einen kostbaren Sarkophag des Heiligen Severus und einen 15 Meter hohen Taufstein (1467). Beide Kirchen verfügen über reichen plastischen Schmuck, den Erfurter Meister schufen. Zwischen dem Mariendom und St. Severi führt eine ungewöhnlich breite Steintreppe zum *Domplatz* hinab, bekannt unter dem Namen »Die Graden«. Der Domplatz war bis zu seiner Beschießung 1813 bebaut, dann Exizierplatz der Erfurter preußischen Garnison und schließlich – bis heute – ein beliebter Markt.

Nordwestlich des Dombergs erhebt sich der *Petersberg*. Ursprünglich trug er das Peterskoster mit seiner im 12. Jahrhundert gegründeten Kirche, sie galt mit ihren weithin sichtbaren Türmen als das eigentliche alte Wahrzeichen der Stadt. Kloster und Kirche sind bei der Beschießung während der Befreiungskriege 1813 in Flammen aufgegangen und heute Ruinen. Die Peterskirche verkörperte besten romanischen Stil der Hirsauer Bauschule, das Kloster war viel älteren Datums (706). Beide Bauwerke waren im Mittelalter ein Zentrum des geistigen Lebens in Thüringen: Das Kloster hatte den Charakter einer »königlichen Herberge«, in der Kaiser und Könige abstiegen und ihres Amtes walteten. Überliefert ist der Kniefall Heinrichs des Löwen vor Kaiser Barbarossa und den Großen des Reichs, den ein Wandgemälde im Erfurter Rathaus anschaulich darstellt. Berühmt war auch das Scriptorium des Klosters, das als eines der ersten Thüringens zum Buchdruck überging. Der Petersberg erhielt ab 1665, nachdem Kurmainz die ungetreue »Tochter des Mainzer Stifts«, wie Erfurt genannt wurde, mit Waffengewalt unterworfen hatte, eine wuchtige Zitadelle, von der noch eindrucksvolle *Bastionen* erhalten sind. Zu Füßen des Dom- und des Petersberges nimmt die *Altstadt* mit ihren zahlreichen Gassen und Gäßchen, Winkeln und Straßen ihren Anfang. Sie ist eine urbane Rarität in Deutschland, hat sie doch als eine der wenigen Altstädte die Feuerstürme des Zweiten Weltkriegs überdauert. Obwohl an manchen Stellen die baulichen Versäumnisse der letzten Jahrzehnte nicht zu übersehen sind, erschließen sich dem Besucher trotzdem romantische Ein- und Ausblicke, die er anderswo kaum findet, begegnet er lebendiger Geschichte. Durch diese Gassen ritten Ritter und Reisige, zogen Kaufmannszüge und fremde Eroberer. Hier schritt Meister Eckart entlang, der große Mystiker des 14. Jahrhunderts, der im Predigerkloster meditierte. Hier hat, der Sage nach, Doktor Faustus seine Späße getrieben, ist der junge Mönch Martinus Luther »Sackum per Nackum« terminieren gegangen, eilten die Herren Magister des besonders streitlustigen Erfurter Humanistenkreises zu ihrem Treffpunkt in der »Engelsburg« in der Allerheiligenstraße.

Friedrich Schiller war oft in Erfurt anzutreffen, zuletzt am 30. April 1803, als ihn die Offiziere der Erfurter preußischen Garnison in den »Ratskeller« einluden, wo sie dem verehrten Dichter des »Wallenstein« ein Fest gaben. Auch Goethe wanderte gerne durch sein »liebes Erfurt«, seine Wohnung nahm er regelmäßig im Weimarischen Geleitshaus in der Regierungsstraße 72. Goethe war lange Zeit Wegebauminister des Herzogtums Sachsen-Weimar und für den Straßenerhalt verantwortlich. Von seinem Quartier waren es nur wenige Schritte zur kurmainzischen Statthalterei und zu ihrem Hausherrn, dem erzbischöflichen Mainzer Koadjutor Karl Theodor von Dalberg (1744–1817), einem geistreichen Politiker, den Goethe außerordentlich schätzte und mit dem auch Friedrich Schiller sehr verbunden war.

Von den Touristen immer wieder gerne besucht wird Erfurts städtisches Wahrzeichen, die *Krämerbrücke*. Sie ist die einzige erhaltene Brückenstraße

*Die romanische Nikolaikirche in Eisenach mit dem Nikolaitor aus dem 12. Jahrhundert (Foto aus dem Jahre 1936).*

Deutschlands und Mitteleuropas. 1117 genannt, aber wohl älter, wurde sie 1325 in Stein errichtet. Über sie holperten viele Jahrhunderte hinweg die Fuhrmannswagen der Kaufleute, die – entsprechend dem Geleitwegszwang dieser Zeit – der »Via regia« folgen mußten, der »Königsstraße«, einem Haupthandelsweg des Mittelalters. Er führte durch Erfurt und direkt über die Krämerbrückenstraße. Später mußten schwere Fuhrwerke dann den Weg durch die westlich der Brücke noch heute erkennbare Gerafurt nehmen. Von den einst über sechzig Häuschen der Brücke sind nur noch gut dreißig erhalten. Heute wie damals bieten die Händler ihre Waren feil. Wenige Schritte sind es zum *Fischmarkt* mit seinen Renaissancehäusern, besonders das Haus »Zum Breiten Herd« gefällt durch reichen Schmuck. Der Fischmarkt erlebte so manchen grausamen Akt der Erfurter Geschichte, im neugotischen Rathaus von 1869/1871 werden diese Geschehnisse der Erfurter und Thüringer Geschichte und Sagenwelt eindrucksvoll auf Wandgemälden dargestellt. Die Figur des »Römer« auf dem Markt vermag nicht darüber hinwegzutäuschen, daß Erfurt trotz seiner mittelalterlichen Größe nie die Reichsfreiheit zu erlangen vermochte.

*Das Portal des Doms von Erfurt.*

In der Michaelisstraße erhält der Besucher noch einen Eindruck vom alten Erfurt des 16. Jahrhunderts. An dieser Straße lag die alte Erfurter Universität, die 1816 von Preußen geschlossen wurde und um deren Wiedereröffnung als »Europäische Universität« heute der Magistrat nachhaltig bemüht ist. Sie wurde 1392 – und das war ihre Besonderheit – durch Bürgerinitiative gegründet und entwickelte sich in kurzer Zeit zu einer der führenden deutschen Universitäten; nur wenige Bauten sind erhalten, davon muß vor allem die historische *Bibliothek* erwähnt werden, die über seltene Handschriften aus dem Mittelalter verfügt.

Nicht weit ist es zur Augustinerstraße mit der weltbekannten *Lutherstätte Augustiner-Eremiten-Kloster*. Das Kloster entstand 1277, die dazugehörige Kirche 1290 bis 1350. In dieses Kloster trat 1505 der junge Martin Luther ein, im Mariendom wurde er 1507 feierlich zum Priester geweiht. Vor den Toren der Stadt, nahe Stotternheim, ist noch die Stelle zu besichtigen, wo er den heiligen Schwur tat, »ein Mönch zu werden«. In der nördlich gelegenen Johannesstraße erinnern mehrere große *Waidjunkersitze* an jene mittelalterliche Zeit, da Erfurt durch den Anbau und den Handel mit dem Blaufärbemittel Waid zu Reichtum und Macht aufstieg. Seine Waidjunker waren bald für ihren Hochmut berüchtigt. In dem Spätrenaissancebau »Zum Stockfisch« (Johannesstr. 239) hat das Stadtmuseum seinen Sitz. In die Johannesstraße mündet die Futterstraße, deren *Kongreß-* oder *Kaisersäle* 1808 Theateraufführungen »vor einem Parterre von Königen« erlebten. Auf Einladung Napoleons wohnten hier zwei Kaiser, vier Könige, eine Königin, achtzehn regierende Fürsten und dreißig Prinzen den Aufführungen der berühmten Comédie française bei – und auch Goethe, für den nicht so sehr das Welttheater, sondern die Bühnenauftritte des berühmten Schauspielers François Joseph Talma ein Erlebnis bildeten.

Am unweit beginnenden Anger, einer der ältesten Straßen der Stadt und heute ihr Boulevard, entstanden vom 16. bis zum 18. Jahrhundert viele repräsentative *Bürgerbauten*, die oft Personen von Rang beherbergten. Anger Nr. 11 wohnte 1632 Königin Marie Eleonore von Schweden, die hier unter großer Anteilnahme die Nachricht vom Soldatentod ihres Gemahls, König Gustavs II. Adolf von Schweden, in der Schlacht bei Lützen empfing. Ecke Anger/Bahnhofstraße erhebt sich der barocke Prachtbau des ehemaligen *Pack- und Waagehofs*. Er beherbergt das *Angermuseum* mit bedeutenden Kunstsammlungen, besonders Erfurter und Thüringer Kirchenplastiken, und Kunsthandwerk. Im *Dacherödenschen Haus* (Anger 37/38), das über das schönste Renaissanceportal Erfurts verfügt, trafen sich die Gebrüder Humboldt häufig mit Goethe und Schiller. Die *Kurmainzische Statthalterei* in der Regierungsstraße, zweifellos der prächtigste Profanbau Erfurts, ist heute die Staatskanzlei des thüringischen Ministerpräsidenten. Das Gebäude entstand 1711/1720 aus zwei alten Patrizierhäusern und stellt doch ein einheitliches Ganzes dar. In seinem großen *Festsaal* in der ersten Etage fanden 1808 die politischen Verhandlungen des von Napoleon nach Erfurt einberufenen Fürstenkongresses statt, auf dem er dem russischen

*Majestätisch erhebt sich im Zentrum von Erfurt das Ensemble von Dom und Severikirche (Foto um 1900).*

Zaren seine Macht demonstrieren wollte. Hier fand auch die berühmte Begegnung zwischen Napoleon und Goethe statt. Seit 1786 war das Gebäude Treffpunkt der wöchentlichen »Assembleen« des Mainzer Statthalters Karl Theodor von Dalberg, an denen Goethe, Schiller, die Gebrüder Humboldt und andere Persönlichkeiten teilnahmen.

Von den vielen Stiften, Klöstern und Kirchen, denen Erfurt den Beinamen »das thüringische Rom« verdankte, sind als vorrangige Bauwerke noch zu erwähnen: die dreischiffige *Barfüßerkirche* (ab 1224) mit ihren prächtigen Kirchenfenstern aus mittelalterlicher Zeit, die alte *Universitätskirche* in der Michaelisstraße, die *Schottenkirche* mit sehenswerten romanischen Bauteilen, die gotische *Reglerkirche* in der Bahnhofstraße mit dem größten Schnitzaltar der Stadt (1465/1470) und die *Cruciskirche* in der Neuwerkstraße, deren reiche Barockausstattung gefällt. Neben den schon genannten Museen sei noch das *Gartenbaumuseum* auf der »ega« empfohlen, dem Gelände der Erfurter Gartenbauausstellung bei der ehemaligen Festung Cyriaksburg. Es erinnert auch an jene Epoche, da Erfurt als des »Hl. Römischen Reiches Teutscher Nation Gärtner« galt, ehe es sich mit Hilfe der Mainzer Statthalter zu Deutschlands Blumenstadt entwickelte. Wer nach einem anstrengenden Stadtrundgang etwas ausspannen will, dem sei auch der *Luisenpark* im Südwesten Erfurts ans Herz gelegt. Der *Steiger*, Erfurts eichenbestandener Stadtwald, verfügt über gutmarkierte Wanderwege; von hier bietet sich ein schöner Blick auf das kirchentürmeverzierte Panorama der Landeshauptstadt, das schon im Mittelalter den Wanderer entzückte.

Ein Abstecher empfiehlt sich nach **Schloß Molsdorf** südwestlich von Erfurt. Ursprünglich eine Vierflügelanlage aus dem 16. Jahrhundert, wurde es 1734 im Barockstil umgebaut. Im Innern erhielt es eine reizvolle *Rokokoausstattung*. Sie entsprach dem Geschmack des damaligen Besitzers, des Grafen von Gotter, der als Diplomat und Herzensbrecher an vielen Höfen Europas gut bekannt war.

**Gotha (7)**

Das bereits 775 als fränkisches Königsgut erwähnte »Gothaha« zählte im Mittelalter zu Thüringens wohlhabenden Waidstädten. Unter der Regentschaft Herzog Ernsts I. des Frommen wurde das Herzogtum Sachsen-Gotha im 17. Jahrhundert mit seiner Verwaltung, den geordneten Staatsfinanzen

*Das neugotische Rathaus (1870 bis 1882) in Erfurt.*

und seinem vorbildlichen Schulsystem (Einführung der Pflicht-Volksschule) zu einem Musterstaat unter den deutschen Fürstentümern. Seine Nachfolger waren Anhänger der französischen Aufklärung, Voltaire weilte auf dem Barockschloß Friedenstein. Konrad Ekhof (1720–1778), der »Vater der deutschen Schauspielkunst«, vermochte seine aufsehenerregende Kunst zu entfalten. Die liberale Politik seiner Herrscher ließ Gotha zu einem Anziehungspunkt fortschrittlicher deutscher Kräfte werden. Die Gebrüder Perthes wurden mit ihrer in Gotha angesiedelten Geographischen Anstalt wegweisend für die Kartographie. Der liberale Kaufmann Ernst Wilhelm Arnoldi (1778–1841), ein Mitstreiter des Zollvereins-Vorkämpfers Friedrich List, schuf 1818 in Gotha die erste deutsche Handelsschule, 1824 die erste deutsche Feuerversicherung und 1827 die erste deutsche Lebensversicherung; damit wurde er zum Begründer des modernen Versicherungswesens.

Der frühbarocke Repräsentationsbau von *Schloß Friedenstein* überragt auf dem Schloßberg gebieterisch die Stadt. Er entstand 1643 bis 1655. Die Dreiflügelanlage mit ihren wuchtigen Ecktürmen wurde beispielgebend für viele Schloßbauten in Thüringen. Im Prunkstil reich ausgestattet sind der *Thronsaal*, der *Audienzsaal* und die *Schloßkirche*. Das *Schloßmuseum* besitzt neben erlesenen Kunstwerken auch eine bedeutende Gemäldesammlung altdeutscher, flämischer und holländischer Meister, auch das *Münzkabinett* und das *Kupferstichkabinett* mit 30 000 Blättern zählen zu den Sehenswürdigkeiten. Interessant ist das *Ekhof-Theater* im Schloß, das einzige original erhaltene Barocktheater Ostdeutschlands. Das *Museum für Regionalgeschichte und Volkskunde*, die *Forschungsbibliothek* mit einer der bedeutendsten Handschriftensammlungen Deutschlands sowie das *Kartographische Museum* runden den Reigen der Sammlungen ab.

Zu den baulichen Kostbarkeiten der Gothaer Altstadt gehören das *Renaissancerathaus* von 1567/1576, viele anmutige *Bürgerhäuser* aus alter Zeit sowie das *Augustinerkloster* mit seiner Kirche (Fürstenloge). Vom 65 Meter hohen Turm der *Margarethenkirche* ist das Panorama Gothas sehr schön zu überblicken.

**Mühlhausen (8)**

Über 1200 Jahre alt ist die einstige Freie und Reichsstadt Mühlhausen, malerisch am Fuße des bewaldeten Hainichs gelegen. Sie errang durch ihre selbstbewußten Bürger bereits im 14. Jahrhundert wichtige städtische Rechte und Freiheiten. Der durch Nah- und Fernhandel mit Getreide erworbene Reichtum schlug sich auch hier in prächtigen Kirchen- und Bürgerbauten nieder. Mühlhausen stieg im Mittelalter nach Erfurt zur zweitgrößten Stadt Thüringens auf. 1524/1525 wurde die Stadt Zentrum der von Thomas Müntzer geführten aufständischen Bauernbewegung; von hier aus schleuderte er den revolutionären Feuerbrand ins Thüringer Land. Nach der verlorenen Schlacht von Frankenhausen wurde Müntzer von den Fürsten im »Angesicht seiner ketzerischen Stadt« enthauptet, Mühlhausen verlor alle Rechte. Im 18. Jahrhundert wirkten Johann Sebastian Bach und sein dritter Sohn Johann Gottfried als Organisten an der Pfarrkirche *Divi Blasii*. Die ursprünglich romanische Basilika wurde im 13. Jahrhundert gotisiert, die *Bachorgel* ist originalgetreu restauriert worden. Wie in vielen alten Städten des Bundeslandes gefällt auch Mühlhausens *Altstadt* durch ihren reichen Bestand an historischen Bauten und hübschen Bürgerhäusern. Herausragend ist das um 1310 errichtete *Rathaus* mit seinen spätgotischen Malereien, die die damaligen »Großen des Reichs« darstellen. Dominante der Stadtsilhouette ist die

Pfarrkirche *St. Marien*, ein fünfschiffiger gotischer Bau des 14. Jahrhunderts, nach dem Erfurter Dom zweitgrößte Hallenkirche Thüringens. Sie war die Wirkungsstätte Müntzers, der von der Kanzel sein »Evangelium der Armen« predigte. Heute ist die Kirche säkularisiert und dient als Konzertstätte. In der Kornmarktskirche (13./14. Jahrhundert) wurde eine Gedenkstätte an den deutschen Bauernkrieg eingerichtet (Dokumente, Waffen, Flugschriften). Eine besondere Sehenswürdigkeit der Stadt ist die guterhaltene Stadtbefestigung aus dem 13. Jahrhundert mit den starken Tortürmen und dem Wehrgang. Sie brachte Mühlhausen den Ruf eines »ganz festen stedtelins« ein und zählt zu den besterhaltenen Stadtbefestigungen in den neuen Ländern. Das Heimatmuseum am Bach-Platz zeigt Exponate aus der Germanenzeit Thüringens und zur Regionalgeschichte.

### Nordhausen (9)

Im Schutze einer 911 von König Heinrich I. gegründeten Burg erwuchs unter der Schirmherrschaft der Königinwitwe Mathilde die Stadt Nordhausen, die bereits 1220 zur Reichsunmittelbarkeit aufstieg und damit Freie Reichsstadt wurde. Vor allem der Handel mit dem Korn der Goldenen Aue führte die wirtschaftliche Blüte herbei, die viele Jahrhunderte anhielt. Nordhausen gilt als »Tor zum Harz« und ist Ausgangspunkt schöner Fahrten und Wanderungen. Herausragend unter den Sehenswürdigkeiten der Stadt, die im April 1945 durch einen Luftangriff der Alliierten zu drei Vierteln zerstört wurde, ist der 961 von Mathilde als Nonnenkloster begründete *Dom Zum heiligen Kreuz* (Ausbau im 14. Jahrhundert, Netzgewölbe im 16. Jahrhundert). Er ist eine erhabene Reminiszenz an die Frühzeit des deutschen Königtums. Das alte *Rathaus* am Markt entstand 1310 und wurde 1610 im Stil der Spätrenaissance umgestaltet. An der Westseite des Gebäudes verkörpert der *Roland* von 1717 – eine Neuanfertigung nach dem Verlust der mittelalterlichen Figur – die städtische Reichsfreiheit, die von den Nordhäusern immer mutig verteidigt wurde. Die um 1550 geschaffene *Finkenburg* ist ein weiteres bemerkenswertes Zeugnis der Nordhäuser Bürgervergangenheit, hier ist heute das *Meyenbergmuseum* untergebracht (Regionalgeschichte, Kunstgewerbe). Im Ortsteil Salza liegt die Gedenkstätte *Mittelbau-Dora*, ein ehemaliges nationalsozialistisches Konzentrationslager, dessen Häftlinge unter unbarmherzigen Bedingungen die unterirdischen Produktionsstätten schufen, in denen der Flugkörper V 1 mit Düsenantrieb und die Rakete V 2 produziert wurden. Hier fanden über 20 000 Menschen einen qualvollen Tod.

*Gotha: Seitenansicht von Schloß Friedenstein.*

### Sondershausen (10)

Die Stadt ist im Gegensatz zur nur wenige Kilometer entfernten Bürger- und Reichsstadt Nordhausen eine alte Fürstenstadt. Sie wurde Residenz der Grafen und späteren Fürsten von Schwarzburg-Sondershausen, deren barockes *Schloß* schon von weitem zu sehen ist. Der Bau vereint die unterschiedlichsten Stilelemente und ist dennoch ein einheitliches Ganzes. Er weist viele repräsentative Räume auf, herausragend sind der *Gobelinsaal*, der *Weiße Saal*, die *Schloßkirche*, die *Hofapotheke* und das *Liebhabertheater*. Sie vermitteln mit dem *Heimat- und Schloßmuseum* interessante Einblicke in die Lebenswelt der damaligen Herrscher. Der *Loh-Park* ist eine gernbesuchte Aufführungsstätte des traditionsreichen Sondershäuser Loh-Orchesters, dessen Wurzeln ins 18. Jahrhundert zurückreichen. Hochaufragende Förderanlagen am Rande der Stadt erinnern an die Zeit, da Sondershausen Kalistadt war. Auf dem *Possen*, einem buchenbestandenen Berg der lieblichen Hainleite, bietet ein Ausflugspark um das ehemalige Jagdschloß »Zum Possen« vielfältige Entspannungsmöglichkeiten.

### Weimar (11)

In die Geschichte trat die Stadt der Klassik als germanische Kultstätte, möglicherweise sogar als Fürsten- oder Königssitz des alten Thüringerreiches ein. Von 1547 bis 1918 war Weimar Residenz des Herzogtums und späteren Großherzogtums Sachsen-Weimar. In der zweiten Hälfte des 18. Jahrhunderts erlangte die bis dahin wenig herausragende Fürstenstadt mit einem Male Berühmtheit, als die »Riesen von Weimar«, wie Schiller die großen Dichter nannte, dem Ruf der geistig aufgeschlossenen Herzoginwitwe Anna Amalia und ihres Sohnes Carl August folgten und sich in der Stadt niederließen. Wieland kam 1772 als erster des Vierergestirns, Goethe folgte 1775, ein Jahr später zog er Herder nach, und 1799 machte schließlich auch Schiller Weimar zu seiner Wohn- und Wirkungsstätte, nachdem er zuvor schon in Jena gelebt hatte. Sie ließen »Ilm-Athen« zu einem unvorstellbaren Anziehungspunkt für »edle Geister« aus allen Ländern Europas werden.

Dem »Goldenen Zeitalter Weimars« folgte in der Mitte des 19. Jahrhunderts das »Silberne«, als Franz Liszt als Hofkapellmeister neue Akzente setzte. Musiker, Dirigenten, Maler, Bildhauer und vor allem Schriftsteller ließen sich in der Stadt nieder. Den anerkannten Ruf als Pflegestätte von Kunst und Kultur vervollständigten in diesem Jahrundert Henry van de Velde, der moderne Architektur und angewandte Kunst heimisch werden ließ, und Walter Gropius, der 1919 das Staatliche Bauhaus begründete. Im gleichen Jahr 1919 trat im Deutschen Nationaltheater die freigewählte Deutsche Nationalversammlung zusammen und beschloß die demokratische Verfassung Deutschlands. Die Besichtigung der zahlreichen Sehenswürdigkeiten Weimars verlangt einen großzügig bemessenen Aufenthalt. Das stattliche *Goethehaus* am Frauenplan ist Weimars allererste kulturhistorische Adresse. In ihm vermag der Besucher das Leben, Denken und Wirken des Dichters auf eindringliche Weise nachzuvollziehen. Nur 200 Meter östlich liegt das langgestreckte *Haus der Frau von Stein*, Goethes langjähriger Vertrauter und »geliebte Frau«. Ein schmaler Pfad führte durch den damals noch wilden Park an der Ilm zu Goethes Gartenhaus. *Schillers Wohnhaus* in der Schillerstraße, seine Wohn- und Arbeitsräume haben über die Zeiten hinweg ihre Intimität bewahrt. Ein Museum bietet einen Überblick über das bewegte Leben des Dichters. Die »Tafelrunde«, die sich im *Wittumspalais* der Herzoginwitwe Anna Amalia zusammenfand, vereinte Persönlichkeiten Weimars und Jenas aus Politik, Wissenschaft und Kunst. Der Barockbau aus dem Jahr 1667 beherbergt bedeutende *Kunstsammlungen* und das *Wieland-Museum*. Vor dem *Deutschen Nationaltheater* huldigt das imposante *Doppelstandbild Goethes und Schillers* (1859) dem vielbewunderten Schaffensbund beider Dichter. Im *Residenzschloß* sind die Weimarer *Kunstsammlungen* untergebracht, im Besitz der berühmten Gemäldegalerie sind Werke Dürers und der Cranachs. Im *Grünen Schloß* hat die *Anna-Amalia-Bibliothek*, die Zentralbibliothek der deutschen Klassik, ihren Sitz. Um deren Aufbau erwarb sich Goethe große Verdienste. Das weltberühmte *Goethe-Schiller-Archiv* jenseits der Kegelbrücke gilt als größtes Archiv deutscher Literatur, es bewahrt die Originalhandschriften beider Dichter sowie sechzig weitere geschlossene Dichternachlässe. Am Platz der Demokratie, den das *Reiterstandbild* von Großherzog Carl August dominiert, war der wuchtige Barockbau der »Regierung« viele Jahre Wirkungsstätte des Ministers und Ministerpräsidenten Goethe. Später beherbergte der Bau den Landtag, heute befindet sich in ihm die *Musikhochschule* »Franz Liszt«. Im *Liszt-Haus* in der Marienstraße kann man das Wohn- und Arbeitszimmer des Komponisten besichtigen. In der Stadtkirche *St. Peter und Paul* (erbaut 1498–1500) predigte Johann Gottfried Herder; ihr bedeutendster Kunstschatz ist der *Cranach-Flügelaltar* »Kreuzigung Christi« (1555). Im *Kirms-Krackow-Haus* ist ein Gedenkraum für den Prediger, Aufklärer und Schulreformer Herder eingerichtet. Der kleine *Jakobsfriedhof* war die ursprüngliche Begräbnisstätte von Friedrich Schiller; auch Karl August Musäus, Christiane Vulpius und Lucas Cranach sind auf diesem Friedhof begraben. Auf dem historischen *Friedhof vor dem Frauentor* im Süden der Stadt findet man die Gräber vieler Persönlichkeiten der Goethezeit; Goethe und Schiller haben an der Seite ihres großen Gönners in der Fürstengruft ihre würdige Ruhestätte gefunden. Von den zahlreichen lieblichen Parkanlagen Weimars, die der Stadt einen besonderen Charakter verleihen, ist zuerst der *Park an der Ilm* zu nennen. Goethe hat seinerzeit selbst Hand mit angelegt, um aus »einer Wüsteney« eine »herrlich-himmlische Sphäre« zu schaffen. Das *Römische Haus* wurde von Goethe für Karl August errichtet. Einen wertvollen Bestand alter Bäume weist der stille *Park des kleinen*

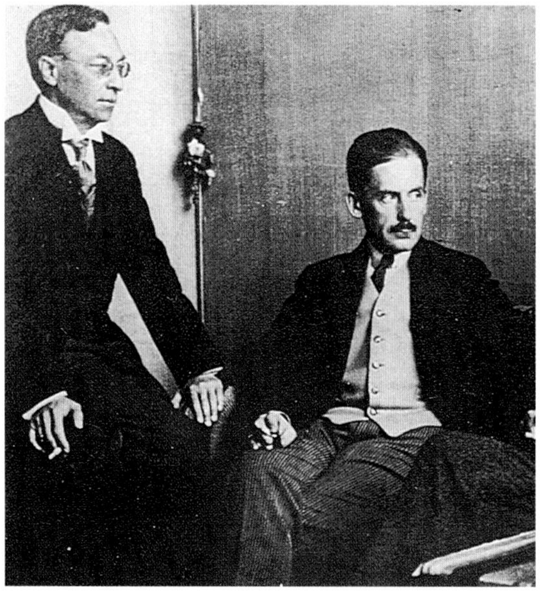

*Wassily Kandinsky und Walter Gropius (Foto 1923).*

*Lustschlosses Belvedere* am südlichen Rande der Stadt auf, häufig ein Ort fröhlichen Treibens der »Lustigen von Weimar«. Eine weitere Perle unter den Grünanlagen ist der *Tiefurter Landschaftspark* mit Denkmälern und kleinen Pavillons. Unweit des kleinen Schlößchens führte Goethe am Ufer der Ilm »unter hohen Bäumen« sein Singspiel »Erwin und Elmire« auf.

Der nördlich der Stadt gelegene **Ettersberg** war viele Jahre hindurch mit seinem schönen Park und dem barocken *Schloß* ein beliebter Treffpunkt der Weimarer Gesellschaft; hier fanden kleine Theateraufführungen statt, an denen der Hof und auch Goethe mitwirkten. Wo Goethe dichtete, Herder sich wohlfühlte, Wieland gerne mit Anna Amalia plauderte und Schiller sein Drama »Maria Stuart« abschloß, errichteten die Nationalsozialisten 1937 das KZ Buchenwald, in dem 65 000 Menschen der Hitlerdiktatur zum Opfer fielen. Auf dem Gelände des Konzentrationslagers, das nach dem Krieg als sowjetisches Internierungslager weiterbestand, hält eine große Mahn- und Gedenkstätte die Erinnerung wach und mahnt die Lebenden, allen Anfängen des Terrors zu wehren.

## *Saaletal, Holzland, Vogtland*

Die vielbesungene Saale, die als »thüringische Saale« im Frankenwald entspringt, entwässert über ein weites Einzugsgebiet den Thüringer Wald, das Thüringische Schiefergebirge und das Thüringer Becken. Bei Weißenfels zieht sie in die Leipziger Tieflandbucht weiter. Das Tal der Saale zählt zu den reizvollsten Landschaften in den neuen Ländern. Der obere Teil wird durch fünf Talsperren unterbrochen, die einzigartige Landschaftsbilder eröffnen, ab Saalfeld beginnt der mittlere und lieblichste Teil, das »Tal der Schlösser und Burgen«. Im Schutz der adeligen Herren erwuchsen hier seit dem Mittelalter die Städte. Zwischen der auslaufenden Saaleplatte und der Elster erstreckt sich das schon zu Ostthüringen zählende Altenburger Holzland. Die Landschaft verfügt über ausgedehnte Wälder, die ihrem Namen alle Ehre machen. Im Süden folgt das Thüringische Vogtland als Teil des alten »Landes der Vögte«, das sich beiderseits der Elster ausbreitet. Es rundet die Landschaft des Thüringer Beckens ab.

### Altenburg (12)

Thüringens berühmte Stadt des Kartenspiels, in der Anfang des 19. Jahrhunderts aus dem erzgebirgischen »Schafskopf« der bald weltbekannte »Skat« geboren wurde, entstand als Marktsiedlung im 11. Jahrhundert. Es waren die Staufenkaiser, allen voran der berühmte Kaiser Barbarossa, die Altenburg im 12. Jahrhundert zur Kaiserpfalz erhoben und zum politischen Zentrum des Pleißenlandes ausbauten. 1328 im Besitz der Markgrafen von Meißen, fiel die inzwischen durch das kluge Ausnutzen ihrer Lage an alten Handelswegen wohlhabend gewordene Stadt 1603 an das Herzogtum Sachsen-Altenburg. Sie wurde von 1603 bis 1672 und von 1826 bis 1918 dessen schmucke Residenz. Aus der frühen und späten Glanzzeit Altenburgs haben sich bedeutende Bauten erhalten. An erster Stelle ist das *Schloß* zu nennen, das Architekturelemente aus acht Jahrhunderten aufweist. Über die geschwungene Auffahrt eilten 1455 die Kidnapper der beiden Sachsenprinzen Ernst und Albert mit ihren jugendlichen Opfern auf und davon. Der »sächsische Prinzenraub« hielt damals ganz Deutschland in Atem. Der *Mantelturm* des Schlosses (die »Flasche«) entstammt noch dem 11. Jahrhundert, 1604 wurde die *Renaissancegalerie* errichtet. Im *Bachsaal* verkünden farbenfrohe Gemälde die wechselvolle Geschichte der Wettiner. Mittelpunkt des informativen Schloßmuseums ist neben einer erlesenen *Porzellan- und Waffensammlung* das einzigartige *Skatmuseum*. Es stellt Spielkarten aller Länder und Kontinente vor, auch eine Skatmacherwerkstatt ist zu sehen. Auf der wohlklingenden *Barockorgel* der Schloßkirche spielte 1739 Johann

*Vor dem Nationaltheater in Weimar: Die Nationalversammlung während einer Sitzungspause (Foto von 1919).*

Sebastian Bach. Am unteren Ende des Schloßparks, den der Gartenkünstler Peter Joseph Lenné 1827 umgestaltet hat, befindet sich das 1873/1875 errichtete *Lindenau-Museum*, das im Besitz der größten deutschen Sammlung etruskischer und griechischer Gefäße ist, sehenswert sind auch die Werke früher italienischer Renaissancemalerei. Schöne Plastiken ergänzen diesen bedeutenden Bestand. Das »Mauritianum« beherbergt ein *naturkundliches Museum*, der Neorenaissancebau des einstigen Hoftheaters (1869/1871) das heutige *Landestheater*. Der *Brühl* mit dem eindrucksvollen *Seckendorffschen Palais* von 1724, dem *Alten Amtshaus* (1725) und dem originellen *Skatbrunnen* ist der älteste Markt der Stadt. Die *Bartholomäuskirche* besitzt eine sehenswerte romanische Krypta aus dem 12. Jahrhundert. Neben vielen ansehnlichen Kaufmannsbauten aus alter Zeit wird der Markt von dem Renaissancebau des *Rathauses* bestimmt. Er entstand 1562/1564 und zählt zu den prachtvollsten Thüringens. Berühmt sind auch Altenburgs *»Rote Spitzen«*, zwei Backsteintürme aus dem 12. Jahrhundert, Überreste der alten Marienkirche. Der Sage nach sind die Türme den Bartspitzen Kaiser Barbarossas nachgebildet, der die Klosterkirche errichten ließ. Die Helme datieren allerdings aus späterer Zeit, der spitze aus dem Jahr 1570, der barocke von 1618.

### Bad Blankenburg (13)

Am Eingang des Schwarzatals, einem der malerischsten Flußtäler Thüringens, liegt Bad Blankenburg zu Füßen der mächtigen Burgruine des *Greifenstein*. Die Burg aus dem 13. Jahrhundert war lange Zeit die Residenz einer Seitenlinie der Schwarzburger Grafen, die 1349 mit Günther XXI. den sogenannten »Einjahreskaiser« stellte, einen Herrscher ohne Fortune, der bald einen rätselhaften Tod fand. Anfang des 16. Jahrhunderts verlor die Burg Blankenburg, wie der Greifenstein bis dahin hieß, ihre politische und strategische Bedeutung und verfiel. Der jetzige *Palas* wurde 1831 neu errichtet, 1927 kam auch ein neuer *Turm* an Stelle des zerstörten Bergfried.

Bekannt wurde der kleine Ort vor allem durch die reformerische Wirksamkeit des Pädagogen Friedrich Fröbel (1782–1852). Sein Hauptinteresse galt der Vorschulerziehung, am 28. Juni 1840 eröffnete er den ersten deutschen Kindergarten, eine Einrichtung, die bald heftig angefeindet wurde. Das *Fröbelmuseum* würdigt diesen mutigen Mann; an mehreren Stellen der Stadt sind in Stein gehauene Spielgaben (Würfel, Kugel usw.) aufgestellt.

Folgt man dem Schwarzatal in Richtung Südwesten, gelangt man in den Ort **Schwarzburg**, der vor allem durch das *Schloß* bekannt ist, das sich stolz auf einem steilen Bergsporn über dem Fluß erhebt. Es wurde 1736 barockisiert, der einstige Festungscharakter verschwand, ein eleganter Repräsentationsbau trat an seine Stelle, von dem heute nach den gescheiterten Umbauversuchen während des Zweiten Weltkriegs nur noch eine Ruine übrig ist. Ab 1970 wurde im ehemaligen Schloßgarten der *Kaisersaal* in seinem ursprünglichen Zustand wiederhergestellt; die kuriose *Ahnengalerie* zeigt weit über hundert Gemälde und Medaillons gekrönter Häupter. Auf Schloß Heidecksburg ist die berühmte *Waffensammlung* »Schwarzburger Zeughaus« zu sehen.

**Bürgel (14)**

Am Ufer der Gleiße, eines Nebenflusses der Saale, liegt Thüringens Töpferstadt. Das kleine Bürgel war im Mittelalter durch sein ebenso mächtiges wie reiches Kloster weithin bekannt, das Liegenschaften und Rechtstitel im Raum zwischen Erfurt, Jena und Glauchau besaß. Seine Äbte waren sogar in päpstlichem Auftrag unterwegs. An diese Herrlichkeit, die in Folge des Bauernkrieges zerbrach, erinnert die eindrucksvolle Klosterkirche *St. Marien und St. Georg*, eines der hervorragendsten Bauwerke der Thüringer Romanik im Baustil der Hirsauer Schule. St. Marien und St. Georg geriet schon Ende des 16. Jahrhunderts in Verfall, die meisten Klosterbauten verschwanden, das reiche Inventar wurde in alle Winde zerstreut. In der zweiten Hälfte des 19. Jahrhunderts wurde das Kirchenbauwerk wiederentdeckt, restauriert und erhebt sich in seiner alten Schönheit inmitten der dunklen Wälder des Holzlands. Berühmt sind die Konzerte in der Klosterkirche. In Bürgel war seit dem Jahr 1660 das Töpferhandwerk ansässig. Bürgeler Töpferwaren, vor allem das salzglasierte Steinzeug mit der »blauen Schürze«, wurden ein Begriff und fehlten in keinem thüringischen Haushalt. Am Alten Badertor hält ein *Keramisches Museum* mit schönen Stücken die Erinnerung an diesen Abschnitt der Bürgeler Geschichte fest.

**Eisenberg (15)**

Seit dem 13. Jahrhundert planmäßig zwischen Weißer Elster und Saale als Stadt angelegt, wurde Eisenberg 1680 Residenz eines kleinen, nur aus drei Ämtern bestehenden Herzogtums. Der bauwütige

*Die Bauten des Schlosses von Altenburg entstanden in neun Jahrhunderten.*

*Ausstellungsraum im Skatmuseum von Altenburg mit einer alten Spielkarten-Druckmaschine.*

*Reich geschmückt ist das Hauptportal des Renaissance-Rathauses von Gera.*

Herzog Christian von Sachsen-Eisenberg, ein Sohn des klugen Herzogs Ernst I. von Sachsen-Gotha, führte durch sein unsinniges Repräsentationsbedürfnis das kleine Land in den Ruin. Nach vergeblichen Versuchen, das fehlende Geld durch alchemistische Experimente und Totenbeschwörung aufzutreiben, endete Christian 1707 in tiefem Wahnsinn. Übrig blieben einige prunkvolle Bauten. Der viereckige *Marktplatz* erinnert noch an die auf dem Reißbrett konzipierte Stadt des 13. Jahrhunderts. Ihn säumen mehrere bemerkenswerte Bauten, an erster Stelle das *Rathaus*. Es vereint zwei dreigeschossige Renaissancehäuser, zwei stattliche Türme und zwei Rundportale zu einem schönen Ganzen. Im Rathaus besaß Herzog Christian sein »Betkämmerchen«, wo er in geistigen Kontakt zu den Seelen verstorbener Verwandter zu treten versuchte, um von ihnen Hinweise auf verborgene Schätze zu erhalten. Im Schloßpark existierte das »Labetorjen«, wie der Volksmund das Alchemistenlabor nannte, wo der Herrscher Gold zu erzeugen versuchte. Die Marktkirche *St. Peter*, ein einschiffiger gotischer Hallenbau, verfügt über einen sehenswerten *Chor*. Der dreigeschossige Renaissancebau der *Superintendentur* am Markt 11 stammt von 1599 und zeigt schon Anklänge des Frühbarock. Herausragend unter den Bauten aber ist *Schloß Christianenburg*, eine dreigeschossige Barockanlage von 1677/1692, mit Schmuckelementen reich verziert. Bestechend in ihrer Schönheit die herrliche Schloßkapelle von 1687 mit ihren reichen Stuckdekorationen italienischer Meister.

**Gera (16)**

Die zweitgrößte Stadt Thüringens war im Mittelalter Sitz der Weidaer Vögte, ehe hier seit 1564 die Grafen Reuß jüngere Linie (ab 1673 Reichsgrafen, ab 1806 bis 1918 Reichsfürsten) ihre Residenz besaßen. Es war auch ein Reußenherrscher, der im 16./17. Jahrhundert Geras Aufstieg aus einer kriegszerstörten Stadt zu einem wirtschaftlichen Zentrum Thüringens bewirkte. Graf Heinrich Posthumus (so genannt, weil er nach dem Tode seines Vaters geboren wurde), der von 1572 bis 1635 lebte, förderte gegen den erbitterten Widerstand einheimischer Zunfthandwerker die Einführung neuartiger Verfahren in der Wollherstellung und -verarbeitung. Glaubensflüchtlinge aus Holland hatten diese fortschrittliche Technik mitgebracht. Die qualitätsverbesserten »Geraer Zeuge« verhalfen der Stadt zu dem Ruf, ein »Klein Leipzig« zu sein. Aus dieser Periode Geras sind trotz wiederholter

Stadtbrände noch zahlreiche stattliche Bauten vorhanden. Dabei fällt besonders der *Markt* auf, er ist einer der schönsten Thüringens, und beeindruckt durch seine Geschlossenheit. Zierde des Platzes ist das 1576 fertiggestellte Rathaus mit seinem sechsgeschossigen Treppenturm und reichgeschmückten Renaissanceportal; eine kulturhistorische Kostbarkeit ist die Stadtapotheke (16. Jahrhundert) mit Renaissanceerker. An seiner Nordseite wird der Markt von der Alten Kirchstraße berührt, Geras alter Hauptverkehrsader. Gerade in ihrem Bereich ist noch vieles vom historischen Stadtbild erhalten. Die schöne Fassadengestaltung des *Buttermannschen Hauses* (Nr. 7) kündet vom Kunstverstand der einstigen Textilfürsten. Auf dem Nikolaiberg steht die *Salvatorkirche* (1717/1779); ihr barocker Saalraum wurde 1903 im floral-ornamentalen Jugendstil umgestaltet und ist eines der bemerkenswertesten Interieurs dieser Stilart in den neuen Bundesländern. Neben St. Salvator befindet sich das *Schreibersche Haus*, gleichfalls ein Barockbau. Es wirkt äußerlich recht bescheiden, im Innern jedoch birgt es im zweiten Obergeschoß einen der prächtigsten Barocksäle Geras. Die Kellerräume des Hauses sind eine weitere Sehenswürdigkeit, sie besitzen »Höhler«, das sind unterirdische Keller und Gänge, häufig in Tonnengestalt, in denen die Geraer Bürger früher ihre Waren und vor allem das bekannte Geraer Bier aufbewahrten. Die »Höhler« finden sich fast in der gesamten Altstadt. Das Schreibersche Haus ist heute ein *naturkundliches Museum*. Im *Ferberschen Haus*, einer weiteren Textilfürstenresidenz, ist das *Museum für Kunsthandwerk* untergebracht; im roten Barockbau des einstigen Zucht- und Waisenhauses hat das *Historische Museum* seinen Sitz. Das Stadttheater ist ebenso wie St. Salvator ein Jugendstil-Kleinod. Kunstfreunde finden im *Ausstellungszentrum* in der ehemaligen Orangerie eine umfangreiche Sammlung der Werke des in Gera geborenen Otto Dix.

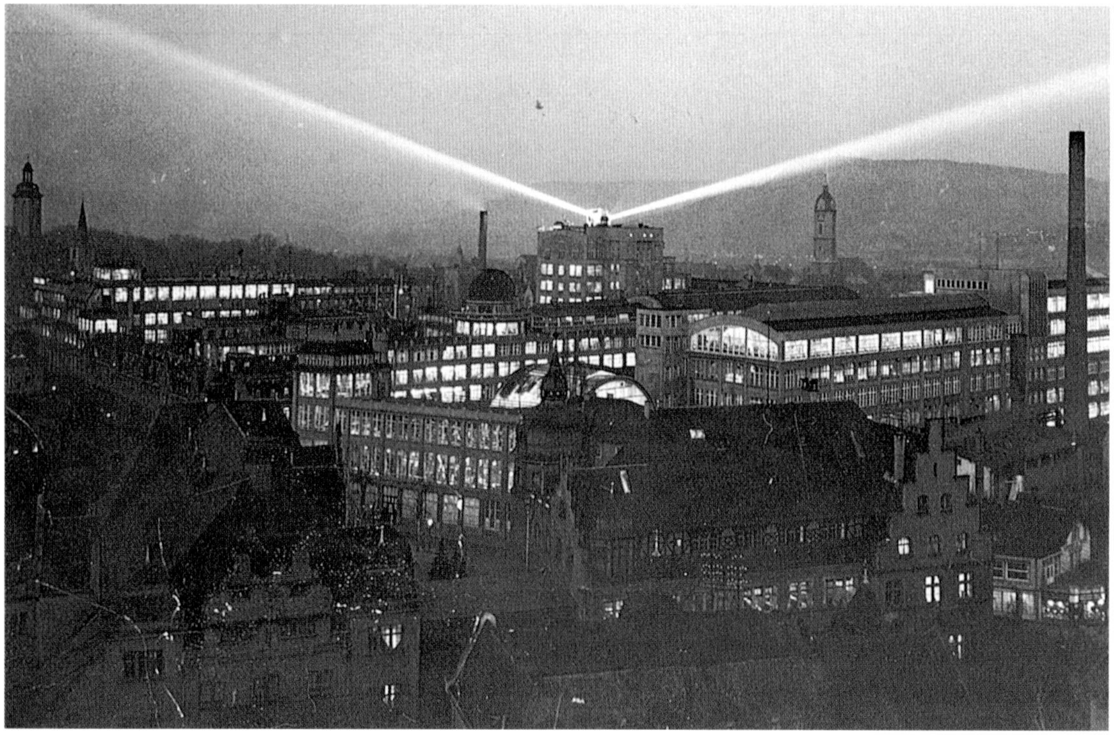

*Weltbekannt sind die optischen Geräte, die in den Zeiss-Werken in Jena hergestellt werden.*

Das 13 Kilometer südlich von Gera gelegene Städtchen **Weida** spielte in der Geschichte der Vogtlandregion um die Weiße Elster lange Zeit eine bedeutende Rolle. Aus diesem Ort kam nicht nur der Stammvater des reußischen Hauses Erkenber (12. Jahrhundert), auch dessen »Haus zu Weida«, die spätere berühmte Osterburg, war Sitz der Landesherrschaft. Sie beherrschte ein beachtliches Territorium. Die Stadt erlangte allerdings nach ihrer totalen Zerstörung durch die berüchtigten »Holkschen Reiter« des kaiserlichen Feldmarschalls Holk während des Dreißigjährigen Krieges nie wieder ihre alte Bedeutung zurück. Im Jahre 1531 erlosch die Linie Weida. In mehreren Räumen der Osterburg schildert ein sehenswertes Museum die wechselhafte Geschichte Weidas sowie das Schicksal des gleichnamigen Herrschergeschlechts.

## Greiz (17)

Etwa 30 Kilometer südlich von Gera liegt im thüringischen Teil des Vogtlands eine weitere Residenzstadt, die Reußenmetropole Greiz. Sie trat in die Geschichte ein, als Heinrich II. aus der Linie Reuß-Plauen im 13. Jahrhundert eine Burg errichten ließ, in deren Schutz die Stadt erwuchs. Greiz blieb bis 1918 Residenz dieser reußischen Linie, die sich zuvor in mehrere kleinere Linien aufgespalten hatte. Zwei von ihnen konkurrierten mit ihren Repräsentationsbauten in der Reußenstadt; hier residierten ab 1426 die Herrschaften Vorderes und Hinteres Schloß, seit 1564 Oberes Schloß (auf dem Berg) und Unteres Schloß (in der Stadt). Das *Obere Schloß*, das seine gegenwärtige Gestalt Ende des 17. Jahrhunderts erhielt, glänzt mit einer Vielzahl prächtiger Räume, einige im Renaissancestil, andere aus der Zeit des Rokoko; der wuchtige *Hauptturm* ist älteren Datums. Das *Untere Schloß*, der repräsentative Sitz der Herrschaft Unter-Greiz, war ursprünglich im Stil der Renaissance geschaffen worden. Nach dem Stadtbrand von 1802 wurde es klassizistisch erneuert. Die ehemaligen Festräume beherbergen heute das *Regionalmuseum*. Unterhalb des Schloßberges ließ die Herrschaft Ober-Greiz 1779 im ehemaligen Lustgarten ein reizendes *Sommerpalais* errichten, eine gelungene Synthese von Spätbarock und Frühklassizismus. Es dient heute als Museum für die bedeutende *Bücher- und Kupferstichsammlung* (erste Gesamtausgabe der Luther-Bibel, Werke Albrecht Dürers und Wenzel Hollars); einzigartig ist das Greizer Satiricum, eine Karikaturensammlung von William Hogarth (1697–1764) bis in unsere Zeit.

## Jena (18)

Thüringens alte Landesuniversitätsstadt, von der die Studenten einst sagten: »In Jene lebt sich's bene«, ist eine Gründung der Herren von Lobdeburg. Von der ursprünglich mächtigen Doppelanlage der Burg- und Stadtherren sind nur noch Ruinen geblieben, ihre Gründung jedoch erwarb sich im Laufe der Jahrhunderte den Ruhm, Thüringens »Stapelstadt des Wissens« zu sein, wie Goethe zufrieden konstatierte. Als Weimarer Minister für Kunst und Wissenschaft trug er Sorge dafür, daß die schon 1558 gegründete Universität wuchs und

gedieh und zu einem Mittelpunkt des deutschen Geisteslebens wurde. Hier lehrten Fichte und Hegel, Schelling und Schiller; in der »Jenaer absoluten Stille« fand Schiller zu seinem schriftstellerischen Genius zurück. Die Humboldts, die Schlegels, Tieck, Novalis, Hölderlin, Brentano, Voß, Hufeland, Anselm Feuerbach und andere Gelehrte und Dichter von Rang wurden von der Saalestadt und ihrem geistigen Klima angezogen. Im Industriezeitalter fügten Männer wie Carl Zeiß, Ernst Abbe und Otto Schott ein neues Kapitel hinzu.
Kriegseinwirkungen und Unverständnis für das historisch Gewachsene haben wenig von Jenas alter Bausubstanz übriggelassen. Nur der östliche Teil der *Altstadt* vermittelt noch eine Ahnung vom alten Jena. Die beiden Walmdächer des *Rathauses* am Markt werden von einem Turm überragt, der eines der »sieben Weltwunder Jenas« birgt: den *»Schnapphans«*, eine Kunstuhr mit einem hübschen Figurenspiel (15. Jahrhundert). In der spätgotischen *»Alten Göhre«*, der ehemaligen Marktmühle (16. Jahrhundert), stellt das Stadtmuseum Sehenswertes zur Schau. Das *Gasthaus »Zur Sonne«* stammt aus dem 15. Jahrhundert, auch das Gasthaus »Zur Rose« hat eine altehrwürdige Tradition. In der Marktmitte erinnert das *Hanfried-Denkmal* (1857) an den Gründer der Universität, Herzog Johann Friedrich den Großmütigen. Die Architektur der Stadtkirche *St. Michael* (1556 fertiggestellt) vereint hierorts seltene schlesische und böhmische Einflüsse. Herausragend unter ihren Kunstschätzen ist die *Holzplastik* des Heiligen Michael (frühes 13. Jahrhundert), eine der ältesten Thüringens, und die *Bronzegrabplatte Martin Luthers*, die ursprünglich für Wittenberg bestimmt war. Dreihundert Jahre lang war das ehemalige Dominikanerkloster und spätere Collegium Jenense die *»erste Universität«*, ehe die Hochschule an den Fürstengraben verlegt wurde. An den Wänden einer alten Karzerzelle haben sich einsitzende Studenten mit Versen verewigt. Im Hauptgebäude der *»zweiten Universität«*, 1905/1906 errichtet, erinnert in der Aula ein Gemälde Ferdinand Hodlers an den berühmten »Auszug Jenenser Studenten 1813«. Das *Burschenschaftsdenkmal* am Fürstengraben weist auf den studentischen Zusammenschluß hin, der sich beim Wartburgfest 1817 öffentlich manifestierte. Das *Frommannsche Haus* war zur Goethezeit ein beliebter Treffpunkt der Gelehrten und Dichter: »Was in Deutschland Namen hat, hat dort verkehrt« (Goethe). Im *ehemaligen Inspektorhaus* am Rande des Botanischen Gartens von 1794 dokumentiert eine kleine Erinnerungsstätte Goethes vielfältige Beziehungen zu Jena und seiner Hochschule, der er stets besondere Aufmerksamkeit widmete. In unmittelbarer Nähe erhebt sich der nüchterne Zweckbau des *Zeiss-Planetariums* (1926), des ersten seiner Art in der Welt. Das Cosmodrom vermag astronomische Ereignisse optisch nachzuvollziehen (zum Beispiel das Erscheinen des Sterns von Bethlehem). Der Erfinder Carl Zeiß hat auf dem idyllischen Alten Friedhof bei der Friedenskirche seine letzte Ruhestätte gefunden. Jena verfügt über viele interessante Museen, darunter das *Optische Museum* (12 000 Ausstellungsstücke), die *Romantiker-Gedenkstätte* im ehemaligen Wohnhaus Fichtes, das *Haeckelhaus* mit dem Phyletischen Museum sowie die *Schiller-Gedenkstätte* im ehemaligen Sommerhaus des Dichters (Schillergäßchen 2); die »geliebte Gartenzinne«, wo er am »Wallenstein« schrieb, ist allerdings rekonstruiert. In der *Schillerkirche* im alten Wenigenjena, heute Jena-Ost, wurden 1790 Schiller und Charlotte von Lengefeld getraut.

An die schicksalschwere Schlacht von Jena und Auerstedt 1806 erinnert in **Cospeda** nordwestlich von Jena eine Gedenkstätte; auf dem nahen Windknollen verbrachte Napoleon die Nacht vor der Schlacht. Auch im nahen **Vierzehnheiligen**, einem der »Schlachtdörfer« von 1806, gibt es noch Erinnerungsstellen. Zwölf Kilometer nördlich von Jena liegt nahe der B 88 auf einem Steilabhang über der Saale das kleine **Dornburg**, bekannt durch seine drei Schlösser. Im mittleren war Goethe oft zu Gast, im anheimelnden Park ging er gerne spazieren und im *Renaissanceschloß* wohnte er 1828 bei seinem letzten »Dornburger Aufenthalt«.

*»Jena vor uns im lieblichen Tale«, so dichtete einst Gottfried Benn, als er im Saaletal zu Besuch war.*

### Rudolstadt (19)

Das von der Heidecksburg, der Residenz der Fürsten von Schwarzburg-Rudolstadt, majestätisch überragte Rudolstadt ist eine der anmutigsten Fürstenstädte Thüringens, und auch Wilhelm von Humboldt meinte, daß die von sanften Hügeln umgebene Landschaft am Saaleknie »eine der schönsten Deutschlands« sei.
Rudolstadt, das 1329 zur Stadt erhoben wurde, blieb Jahrhunderte hindurch eng mit dem Grafen- und Fürstengeschlecht verbunden. Seine Herrscher haben viel für ihre Stadt getan. Erinnert wird dabei gerne an die mutige Tat der Gräfin Katharina von Schwarzburg, die sich entschlossen dem kaiserlichen Feldherrn Alba entgegengestellt hatte. Das Rokokoschloß *Heidecksburg* imponiert durch die prachtvolle Ausstattung seiner Festsäle und Kabinette. Mehrere der reich geschmückten Fürstensäle

*Ein Saal im Rokokoschloß Heidecksburg bei Rudolstadt.*

beherbergen die ansehnlichen *Sammlungen der Staatlichen Museen Heidecksburg.* Unter ihnen befindet sich auch die *Waffensammlung* »Schwarzburger Zeughaus«. Zu Füßen der Burg sind mehrere *Thüringer Bauernhäuser,* die Zeugnisse der bäuerlichen Lebens- und Arbeitswelt bergen, zu besichtigen. In der Altstadt sind *Schloß Ludwigsburg,* das im barocken Stil umgestaltete *Alte Rathaus,* ein im Kern spätgotischer Bau, sowie das *Neue Rathaus* zu beachten. Hier befand sich früher der Sitz der Schwarzburgischen Regierung. Ende des 18. Jahrhunderts besaß Rudolstadt dank seiner aufgeklärten Herrscher den Ruf eines »Klein-Weimar«. Goethes Weimarer Hoftheater gastierte hier oft, Dichter und Gelehrte folgten gerne dem Ruf der Fürsten; Goethe und Schiller, den bald familiäre Bande mit Rudolstadt verknüpften, kamen immer wieder hierher. Später folgten Wagner, Liszt und Paganini. Rudolstadt ist reich an *Schillerstätten.* Im Lengefeldschen Haus (Schillerstraße 25) begegnete der Dichter 1787 erstmals Charlotte von Lengefeld, während seines »Rudolstädter Sommers«, im Jahre 1788, war er täglich hier zu Gast. In Schloß Heidecksburg erinnert eine Gedenkstätte an Schillers Beziehungen zu Rudolstadt.
Wenige Kilometer nördlich der Stadt liegt unweit der B 85 in einem stillen Tal **Schloß Kochberg,** eine der liebenswürdigsten Goethe-Gedenkstätten. Der stilvolle Renaissancebau gehörte dem herzoglichen Oberstallmeister von Stein, dessen Frau Charlotte es häufig als Sommersitz nutzte. In diesem Haus und seinem idyllischen Park war der junge Goethe, Charlotte von Stein in romantischer Liebe zugetan, häufig zu Gast. Westlich von Rudolstadt befindet sich in einem Waldtal die Klosterruine **Paulinzella,** einer der wenigen Gründungsbauten der Hirsauer Bauschule in Thüringen (12. Jahrhundert). Die abgeschiedene Stätte hat manchen Dichter der Romantik zu wehmütigen Versen inspiriert.

*Eine Marmorstatue in Schloß Heidecksburg.*

### Saalfeld (20)

Die »Steinerne Chronik Thüringens« wird Saalfeld wegen seiner zahlreichen historischen Bauwerke häufig genannt. Die Stadt trat als fränkisches Königsgut in die Geschichte ein. Das 1071 von Benediktinermönchen gegründete Kloster wurde rasch zu einem kirchlichen Machtzentrum innerhalb Thüringens. Ihm unterstanden schließlich mehr als 170 Dörfer und Städte.
Eisen-, Kupfer-, Kobalt- und Silberbergbau führten

*Wandfries im Kloster Paulinzella.*

zum Aufblühen der städtischen Wirtschaft, 1549 erhielt Saalfeld die Bergfreiheit. Viele reichgeschmückte Bürger- und Repräsentationsbauten stammen aus dieser Periode. Das Wahrzeichen der Stadt ist die *Burgruine Hoher Schwarm,* deren zwei schlanke Türme die Überreste eines Kastells sind, das nach Schweizer Vorbild zu Beginn des 14. Jahrhunderts errichtet worden ist. Der städtische Mittelpunkt von Saalfeld ist der *Markt,* eine architektonische Kostbarkeit Thüringens. Das spätgotische Rathaus erhielt nach dem großen Stadtbrand am Anfang des 16. Jahrhunderts Renaissancezubauten; französische Schlösser standen bei seiner Architek-

tur Pate. Ins Auge fallen der Treppenturm, zwei Zwerchgiebel und zwei reichverzierte Erker. Die *Marktapotheke* gilt als eines der ältesten Gebäude der Stadt: Das befestigte Turmhaus wurde 1180 als Sitz des Stadtvogtes in romanischem Stil errichtet und ist seit 1681 Apotheke. Die historische Gaststätte *»Haus zum Goldenen Anker«* weist ebenfalls schönen Renaissanceschmuck auf; sie hieß einst »Zur Güldenen Gans« und war 1547 Quartier Kaiser Karls V. und von dessen fürstlichem Gefangenen, dem Kurfürsten Johann Friedrich von Sachsen.
Durch die *»Lieden«*, eine alte Häuserzeile, vom Markt getrennt, erhebt sich die Stadtkirche *St. Johannis*, einer der stattlichsten Kirchenbauten Thüringens. Das Gotteshaus entstand im 14./ 15. Jahrhundert, während die Türme erst in den Jahren 1891 bis 1894 zugebaut wurden. Das *Schloß Saalfeld* am Nordende des Schloßgartens war von 1676 bis 1721 das Residenzschloß der Herzöge von Sachsen-Saalfeld. Seine barocke *Kapelle* ist in ihrem Inneren mit schönen Stuckarbeiten italienischer Meister geschmückt. Das ehemalige *Franziskanerkloster* aus dem 13. Jahrhundert am Münzplatz beherbergt seit 1903 das Thüringer Heimatmuseum. Hier sind seltene Schnitzarbeiten Saalfelder Meister sowie Zeugnisse der regionalen Bergbaugeschichte ausgestellt. Von der ehemaligen *Stadtbefestigung* sind noch vier der fünf mächtigen Tore (14./15. Jahrhundert) erhalten geblieben.

Am Rande der Stadt liegen die *Feengrotten*, unterirdische Höhlen eines ehemaligen Alaunbergwerks, in denen naturfarbige Ablagerungen verschiedener Mineralien märchenhafte Tropfsteingebilde geschaffen haben. An der vielbefahrenen B 85 erinnert nahe Wöhlsdorf ein Denkmal, das Karl Friedrich Schinkel geschaffen hat, an den tragischen Soldatentod des preußischen Prinzen Louis Ferdinand. Er fiel als Anführer der preußischen Vorhut an dieser Stelle am 10. Oktober 1806, das war nur wenige Tage vor der blutigen Schlacht von Jena und Auerstedt, in einem wilden Reitergefecht mit französischen Kavalleristen.

*Dieses kunstvolle Fachwerkhaus in Paulinzella aus dem 16. Jahrhundert war ehemals ein fürstliches Amtshaus.*

## *Thüringer Wald und Thüringisches Schiefergebirge*

Südlich des Thüringer Beckens erhebt sich als weithin bewaldetes Mittelgebirge der oft besungene Thüringer Wald, der mit dem sich unmittelbar anschließenden Thüringischen Schiefergebirge eine Gebirgsschwelle von rund 160 Kilometer Länge bildet. Der Thüringer Wald beginnt im Raum Hörschel bei Eisenach und endet bei Schleusingen/ Gehren. Seine höchsten Gipfel reichen auf 800 bis 900 Meter; mit 982 Metern ist der Große Beerberg seine höchste Erhebung, der Große Inselsberg (916 Meter) ist Thüringens bekanntester und wohl auch meistbesuchter Berg. In den Gebirgskörper haben sich vielfach starke Talungen eingeschnitten. Sie stehen in einem äußerst reizvollen Kontrast zu den meist bewaldeten Höhen, über die der »Rennsteig« verläuft.
Schon Ende des vorigen Jahrhunderts wurden die Naturschönheiten des Waldgebirges für den Fremdenverkehr erschlossen, der heute wieder spürbar zunimmt.
Kern des Thüringischen Schiefergebirges, das nicht weniger reizvolle Landschaftsbilder bietet, ist die 868 Meter hohe Region um Lauscha und Steinheid. Danach beginnt das Gebirge allmählich abzuflachen, ehe es in den Frankenwald übergeht. Von den vielen touristischen Attraktionen ist vor allem das anmutige Saaletal zu nennen. In seinem oberen Abschnitt halten große Stauseen den Lauf des Flusses auf, hier hat der Mensch durch eine gelungene Synthese von Technik und Natur ein Erholungsgebiet geschaffen, das die Anziehungskraft der Region noch weiter erhöht.

### Brotterode (21)

Die einstige Bergbaugemeinde ist heute ein beliebter Ferienort, im Sommer Ausgangspunkt vieler schöner Wandertouren, im Winter finden Skifahrer ideale Bedingungen.

Ein bekanntes Ausflugsziel ist der **Trusetaler Wasserfall**, der 1865 künstlich angelegt wurde und aus 50 Meter Höhe steil herabfällt. Von der Teufelskanzel geht der Blick weit ins Werratal und auf die Rhön.

### Friedrichroda (22)

Eine alte Chronik weiß zu berichten, daß Graf Ludwig der Bärtige, der Stammvater des thüringischen Landgrafengeschlechts der Ludowinger, zwei Dörfer begründete: Friedrichroda und Reinhardsbrunn. Während Reinhardsbrunn durch die 1069/ 1084 erfolgte Klostergründung schnell an Berühmtheit gewann und zusammen mit der Schauenburg zur »Urzelle« der Landgrafschaft Thüringen aufstieg, mußte Friedrichroda lange auf seine Stunde warten. Erst als 1837 der Gothaer Verleger Joachim Perthes die kleine Stadt und ihre waldreiche, ruhevolle Umgebung entdeckte und als Kurort bekannt

*Blick auf den Marktplatz von Meiningen vom Turm der neugotischen Stadtkirche, die im späten 19. Jahrhundert entstand.*

machte, war der Dornröschenschlaf beendet. Friedrichroda entwickelte sich neben Oberhof zum bekanntesten und beliebtesten Kur- und Ferienort des Waldgebirges. Während im Winter »Ski und Rodel gut« sind, ist der Ort im Sommerhalbjahr Ausgangspunkt herrlicher Wanderungen durch einen der lieblichsten Teile des Thüringer Waldes.

Ein beliebtes Ausflugsziel ist der **Große Inselsberg**; er ist Naturschutzgebiet und nur von den an seinem Fuße angelegten großen Parkplätzen erwanderbar. Ein Aufstieg ist lohnenswert, denn die bewaldete Porphyrkuppe, über die der »Rennsteig« verläuft, bietet bei günstiger Wetterlage herrliche Fernsichten. Gerne besucht wird auch die **Marienglashöhle**, sie verfügt über das größte Vorkommen an kristallinem Gips in Europa. Ein schöner, alter Landschaftspark umgibt das nahe, neobarocke **Schloß Reinhardsbrunn**, das in der Biedermeierzeit anstelle der alten Klosteranlagen errichtet wurde. Hier begann die Romanze zwischen Queen Victoria von England und Herzog Albert von Sachsen-Coburg. Der Ahnensaal und die Kapelle des Schlosses sind sehenswert.

**Ilmenau (23)**

Unter allen thüringischen Städten kann sich außer Weimar keine so sehr Goethestadt nennen wie das im 13. Jahrhundert erstgenannte und später zur Bergstadt aufgestiegene Ilmenau. 222 Tage insgesamt weilte der Minister und Dichter in »seiner Stadt«, von der er sagte: »Ich war immer gerne hier. Ich glaube, es kommt von der Harmonie, in der hier alles steht: Gegend, Menschen, Klima, Tun und Lassen.« Thüringens alte Glas- und Porzellanstadt erfuhr durch Goethe intensive Förderung, und so weist sie denn auch zahlreiche Erinnerungsstätten auf, die ein einzigartiger *Goethewanderweg* erschließt. Er beginnt in der Stadt, ist mit Goethes Namenskürzel »g« gekennzeichnet und berührt alle Stationen und Orte auch in der Umgebung, die mit dem Schaffen Goethes verbunden sind. Keineswegs versäumen sollte man den Aufstieg zum 861 Meter hohen *Kickelhahn*, wo er am 8. September 1780 an die Wand des sogenannten Goethehäuschens die berühmten Verse schrieb: »Über allen Gipfeln ist Ruh...« Auf dem *Alten*

*Friedhof* befinden sich mehrere Grabstätten von Persönlichkeiten der Goethezeit, darunter auch die der Schauspielerin Corona Schröter.

**Lauscha (24)**

Der kleine und unbedeutende Waldort erlebte einen Aufschwung, als sich hier 1597 die wegen ihres protestantischen Glaubens in Böhmen verfolgten Glasmacher Hans Greiner und Christoph Müller ansiedelten. Holzreiche Wälder, der feine Quarzsand von Steinheid und die vorhandene Wasserkraft boten günstige Voraussetzungen für ihre Arbeit, der wachsende Glasbedarf der Höfe sorgte für eine gute Auftragslage. 1835 erfand der Lauschaer Glasmacher Ludwig Müller-Uri das künstliche Menschenauge, auch die Weihnachtsschmuckherstellung ließ den Ort weithin bekannt werden. Das *Glaskunstmuseum* ist sehenswert.

**Oberhof (25)**

Bei Luisenthal, das durch die Ohra-Talsperre bekannt geworden ist, beginnt der seit altersher bekannte Aufstieg zum Kamm des Thüringer Waldes. An die Stelle der beschwerlichen Waldstraße von einst ist längst ein moderner Verkehrsweg getreten. Auf dem über 800 Meter hohen Paß stand seit dem Ausgang des Mittelalters die Herberge »Oberer Hof«, bei der auch eine Geleitstation sowie eine Ausspann- und Raststätte zu finden waren. In ihrer Nähe entwickelte sich Ende des 19. Jahrhunderts in rasantem Tempo der heutige Luftkurort mit anerkanntem Heilklima. Zahlreiche Wandermöglichkeiten, Schneesicherheit im Winter und eine gut ausgebaute touristische Infrastruktur ziehen immer mehr Urlauber an. Eine echte Attraktion Oberhofs ist der *Rennsteiggarten*. Dieser in Thüringen einzigartige Botanische Garten stellt die Hochgebirgsflora mit über 3000 Arten in- und ausländischer Gebirgspflanzen vor. Dem »Rennsteig« folgend, gelangt man zum *Großen Beerberg*. Sein Hochmoor ist Naturschutzgebiet. Erholsam sind auch Wanderungen zur Schmücke (916 Meter), nach Gehlberg, das für seine reine Gebirgsluft bekannt ist, und zum Lütschestausee.

*Treppenhaus im Meininger Schloß Elisabethenburg.*

**Ruhla (26)**

Der von Berliner Sommerfrischlern gernbesuchte Ferienort Ruhla spielt in Thüringens Sagenwelt eine wichtige Rolle. Als sich einmal der weichherzige Landgraf Ludwig II. während der Jagd an »die Ruhl« verirrte, vernahm er aus der Dorfschmiede wütendes Hämmern und die fordernde Ermahnung: »Landgraf, werde hart!« Der »Schmied von Ruhla« wollte den Herrscher dazu bringen, seine das Volk bedrückenden Gefolgsleute zu entlassen, was auch geschehen sein soll. Ruhla war seit dem 12. Jahrhundert eine der kleinen Waffenschmieden Thüringens, in der vor allem Schwerter und Harnische hergestellt wurden, später kam das Messerschmiedehandwerk hinzu. Im 19. Jahrhundert war Ruhla bekannt durch die Herstellung von Tabakspfeifen und seine Uhrenproduktion. Seit 1900 wurde »die Ruhl« dank ihrer stillen, waldreichen Umgebung für den Fremdenverkehr erschlossen. Das *Heimatmuseum* präsentiert Zeugnisse zur Geschichte des Ortes, vom *Alexanderturm* auf dem Ringberg (639 Meter) läßt sich der Waldortcharakter Ruhlas so recht erkennen.

**Suhl (27)**

Suhl war einst Thüringens bedeutendste Waffenschmiede. 1535 siedelten sich hier Nürnberger und Augsburger Büchsenmacher an, die günstige Voraussetzungen fanden. In kurzer Zeit stellten sich die zahlreichen heimischen Schmiede auf das neue und lukrative Handwerk um, so daß Suhl schließlich zur Waffenschmiede ganz Deutschlands wurde. Von 1550 bis 1634 deckte Suhl den Waffenbedarf des Reiches und vieler anderer Länder. In einem Jahr wurden hier 27 000 Büchsen und 1100 Pistolen hergestellt. Der kaiserliche Feldherr Isolani ließ Suhl 1634 einäschern, die meisten Büchsenmacher zogen fort, andere wandten sich der Jagdwaffenherstellung zu, die bis in die Gegenwart existiert.

*Allee in der Umgebung von Lauscha.*

Das *Waffenmuseum* im ehemaligen Malzhaus (1650) zeigt prächtige Handfeuerwaffen, Dokumente zur Waffengeschichte und Schauwerkstätten. Auf dem Plateau des Friedberges befindet sich eine bekannte *Schießsportanlage*. In der *Altstadt* beeindrucken am Steinweg mehrere schöne *Bürgerhäuser* wohlhabender Waffenfabrikanten, so das Steigledersche und das Spangenbergsche Haus.

In *Suhl-Heinrichs* stehen noch mehrere *Bürgerhäuser* im Henneberger Fachwerkstil, das *ehemalige Rathaus* (1657) zählt zu den schönsten Fachwerkbauten Thüringens. Auch in *Suhl-Neundorf* bietet der historische Gasthof *»Zum Goldenen Hirsch«* ein Beispiel dieser kunstvollen Architektur.
In der Umgebung Suhls ist die **Kirchenburg Rohr** hervorzuheben, eine der ältesten Thüringens. Sie war einstmals eine kaiserliche Pfalz.

### *Meininger Becken und Werratal*

An den vielfach zertalten Südwestrand des Thüringer Waldes und des Thüringischen Schiefergebirges schließt sich das Meininger Becken an. Es umfaßt das obere Werratal und grenzt im Westen an die Rhön als dem höchsten Teil des Hessischen Berg-

*Das Lutherhaus in Eisenach ist nach dem Krieg originalgetreu wiederaufgebaut worden.*

landes. Bewaldete Einzelberge mit lieblichen Tälern und weiten Weiden geben dieser Region ein anmutiges Aussehen. Im Werratal sind mehrere Städte und Dörfer mit hübschen Fachwerkhäusern und wehrhaften Kirchenburgen Anziehungspunkte für Touristen, die diese einstmals »vergessene Ecke« gerne aufsuchen.

**Bad Liebenstein (28)**

Das älteste Heilbad Thüringens, am klimatisch bevorzugten Südwestabhang des Thüringer Waldes gelegen, galt seit dem späten 18. Jahrhundert als fürstliches Modebad des thüringischen und fränkischen Adels. Die Meininger Herzöge taten alles, um die Kuranlagen prächtig auszugestalten; die klassizistische Bäderarchitektur des alten Kurzentrums mit dem *ehemaligen Schloß (Kurhaus)*, dem einstigen *Fürstenhof (Klubhaus)*, dem *Kurtheater* und *Brunnentempel* verdeutlicht diese Vergangenheit auf ansehnliche Weise. Der *Elisabethpark* mit seinem schönen Rosengarten lädt zum Verweilen ein. Vom *Turm* auf dem Schloßberg (465 Meter) mit den Resten der ehemaligen *Burg Liebenstein* hat man einen weiten Blick ins gesamte Werratal und auf die von Kuppen gesäumte Rhön.

**Bad Salzungen (29)**

Im Gegensatz zum unweit gelegenen Fürstenbad ist Bad Salzungen ein junger Kurort. Denn erst das Erbohren einer starken Solequelle 1841 schuf dazu die Voraussetzungen. Bis dahin lebten die Einwohner des Ortes vornehmlich von der Salzgewinnung.
Schon Tacitus erwähnt eine Salzschlacht zwischen Chatten und Hermunduren im Jahre 58 n. Chr. nahe der heutigen Stadt. Das Kurzentrum Bad Salzungens liegt am Burgsee, der beliebte Promenadenweg lädt den Besucher zu einem geruhsamen Spaziergang ein.
Technisch Interessierten bieten sich die *Gradierhäuser* aus den Jahren 1796 und 1905 zur Besichtigung an. Die 1910 bei Merkers angelegten Kalischächte haben das Profil der Umgebung Salzungens entscheidend verändert.

**Hildburghausen (30)**

Die kleine thüringische Residenzstadt (17.–19. Jahrhundert) wurde unrühmlich bekannt durch die verschwenderische Hofhaltung der Herzöge von Sachsen-Hildburghausen, die das Land in eine tiefe

*Das Landestheater von Meiningen, das 1908 im neoklassizistischen Stil umgestaltet wurde.*

Schuldenkrise stürzten. 1769 eilte sogar eine kaiserliche Umschuldungskommission herbei, die dem Herzogtum die Finanzhoheit nahm und seinen Schuldenberg allmählich verkleinerte. Das Residenzschloß wurde im Zweiten Weltkrieg zerstört, übrig blieb nur der *Schloßgarten* im französischen Stil, den ein von der Werra gespeister Kanal umfloß. Die Bauten in der Altstadt datieren größtenteils aus dem 18. und 19. Jahrhundert, herausragend das *Rathaus* in seiner Giebelhausgestalt mit dem Treppenturm. Mehrere restaurierte Gebäude sind ebenso wie die *Christuskirche* mit ihren sehenswerten Stuckarbeiten und dem hübschen Portal aus der Barockzeit. Zu den bedeutenden Bürgerpersönlichkeiten der kleinen Stadt zählen Carl Ludwig Nonne, der das Schulwesen im Sinne Pestalozzis neu ordnete, so daß Hildburghausen bald den Ruf einer modernen Schulstadt errang, sowie der Lexikograph Joseph Meyer (1796–1856), der aus dem geistig aufgeschlossenen Herzogtum Gotha nach Hildburghausen kam. Er etablierte hier sein berühmtes Bibliographisches Institut, in dem das renommierte Konversationslexikon erschien. In nur 20 Jahren kamen aus der Großdruckerei Meyers 25 Millionen Bücher zum Versand.

Über die B 88 gelangt man zum ehemaligen Prämonstratenserkloster **Veßra**, einer der stolzesten Klosteranlagen Südthüringens, die seit 1939 Ruine ist. Das von seinen beiden hohen Türmen überragte romanische Kloster gehörte zu den reichsten des Landes, und es agierte als eine Art Feudalbank, die Kredite vergab. Auf dem weiträumigen Gelände sind Bauernhäuser aus Südthüringen mit Zeugnissen der bäuerlichen Lebensweise aus verschiedenen Jahrhunderten zu besichtigen; empfehlenswert ist auch der Besuch des sorgfältig gepflegten *Klostergartens*.

### Meiningen (31)

Thüringens wohl berühmteste Theater- und Musikstadt verdankt ihren Ruf dem liberalen Herzog Georg II. von Sachsen-Meiningen. Aus Politikverdrossenheit gegenüber dem preußischen Vormachtstreben im letzten Viertel des 19. Jahrhunderts wandte er sich ganz der Musik- und Theaterpflege zu. Schon unter seinem Vater, Herzog Georg I., existierte ein Liebhabertheater am Meininger Hof. Von ihm empfing der musisch begabte Georg II. seine ersten Anregungen, die Ehe mit einer Schauspielerin verstärkte seine Hinwendung zur Bühne. Das von ihm reformierte Meininger Theater zeichnete sich durch einen neuartigen Inszenierungsstil mit historischer Detailtreue und lebendigen Volkszenen aus, der »die Meininger« zu einem Vorbild für das zeitgenössische Theater werden ließ. Europäischen Ruhm bescherten der Hofkapelle auch ihre Dirigenten, die neben bekannten Schauspielern und Sängern in die Stadt kamen. Zu nennen sind vor allem Hans von Bülow (1880/1885), Richard Strauss (1885/1886), Fritz Steinbach (1886/1903) und Max Reger (1911/1914). *Schloß Elisabethenburg*, 1682 bis 1697 an Stelle einer älteren Anlage errichtet, war bis 1918 die Residenz der »Theaterherzöge«. Die barocke Dreiflügelanlage birgt kulturhistorisch bedeutende Sammlungen. Hervorzuheben ist die *Gemäldegalerie* mit Werken des 15. bis 19. Jahrhunderts, das interessante *Theatermuseum* sowie ein *musikgeschichtliches Archiv*. Die ehemalige Schloßkirche wurde zu einem *Musiksaal* umgestaltet. Im nahen *Baumbachhaus* (Burggasse 22) stellt eine literarhistorische Dokumentation die Beziehungen Schillers zu Meinungen und dem Nachbarort Bauerbach dar, erinnert wird hier auch an den Dichter Rudolf Baumbach (1840–1905), der populäre Volkslieder schuf (u. a. »Hoch auf dem gelben Wagen ...«). Eine Ausstellung Thüringer Volkstrachten rundet den Rahmen ab. Meiningen gefällt in seinem Altstadtbereich durch viele *Fachwerkbauten*, die die vernichtenden Stadtbrände überdauert haben. Hervorzuheben sind das *Büchnersche Haus* (Georgenstraße 20), das *Pfaffenrathsche Haus* (Ernestinerstraße), das *Steinersche Haus* (Reusengasse) und das *Schlundhaus* (Obere Mulde). In der *Stadtkirche* befindet sich die schöne Holzplastik »Der Gekreuzigte« aus der Künstlerwerkstatt des Veit Stoß.

*Ein prächtiges Fachwerkhaus in Meiningen.*

In der zehn Kilometer südlich gelegenen Gemeinde **Bauerbach** existiert im ehemaligen *Wolzogenschen Gutshaus* eine der liebenswertesten Schillerstätten Deutschlands. Fast originalgetreu vermag der Besucher Schillers Ankunft und Aufenthalt im »Bauerbacher Asyl« 1782/1783 nachzuerleben. In diesen bescheidenen Räumlichkeiten arbeitete der Dichter an »Kabale und Liebe« sowie an »Don Carlos«, den er, wie er bekannte, in seinem »Herzen in und um Bauerbach« herumtrug. Das Dorftheater widmet sich der Pflege des Schillerschen Erbes.

### Römhild (32)

Wie Bürgel im Holzland, so ist auch Römhild im Werratal untrennbar mit der Keramikherstellung verbunden, der »Töpferhof« ist dafür ein markantes Beispiel. Die ehemalige Residenzstadt des winzigen Herzogtums Sachsen-Römhild ist aber vor allem durch die berühmten archäologischen Funde auf dem *Kleinen Gleichberg* bekannt. Hier wurde auf einer Fläche von 60 Hektar die größte Keltenstadt Ostdeutschlands ausgegraben. Denkmalgeschützt ist Römhilds *Stadtkirche* mit dem *Standbild des Grafen Otto IV.* sowie den kunstvollen *Grabmälern* Hermanns VII. und der Elisabeth von Brandenburg.

Ein beliebtes Ausflugsziel ist die auf einem 403 Meter hohen Felskegel errichtete **Heldburg**, auch »fränkische Leuchte« genannt. Die Burg, deren Ursprünge in das 13. Jahrhundert zurückreichen, wurde vom Meininger Theaterherzog Georg II. ab 1874 zum Wohnsitz umgebaut.

### Schmalkalden (33)

Die von verheerenden Bränden verschont gebliebene Stadt im Tal der Schmalkalde gehört dank ihrer historischen Altstadtbauten zu den besonderen Sehenswürdigkeiten des Bundeslandes. Die Stadt wird von *Schloß Wilhelmsburg* überragt, einer langgestreckten, vierflügeligen Renaissanceanlage; kostbare Stukkaturen und Wandmalereien schmücken zahlreiche Säle. Die aus dem 16. Jahrhundert stammende *Orgel* der *Schloßkirche* gilt als die älteste voll funktionsfähige Orgel in den neuen Ländern. Das *Regionalmuseum* in den historischen Schloßräumen präsentiert die wechselvolle Geschichte Schmalkaldens. Am *Altmarkt* beeindruckt das spätgotische *Rathaus*, im 16. Jahrhundert Tagungsort des Schmalkaldischen Bundes, einer Vereinigung protestantischer Fürsten und Städte. Die ebenfalls spätgotische Stadtkirche *St. Georg* gilt als eine der schönsten Hallenkirchen Thüringens. Über der Sakristei ist die *Lutherstube* sehenswert. Gleichfalls am Altmarkt steht die *Todenwarthsche Kemenate*, ein Anfang des 16. Jahrhunderts errichteter Renaissancebau mit Treppengiebeln. Im *Hessenhof* am Neumarkt tagte 1537 der »Große Konvent« protestantischer Theologen; im Kellergewölbe befinden sich kostbare Fresken zum Artusroman des Hartmann von Aue (um 1165–1215): »Iwein, der Ritter mit dem Löwen«, sie zählen zu den frühesten Zeugnissen romanischer Profanmalerei in Deutschland. Im *Lutherhaus*, einem Fachwerkbau von 1520, wohnte der Reformator 1537 während der Beratungen des Bundes.

Einen Ausflug wert ist **Wasungen**, Thüringens Karnevalshochburg, die diesen Brauch bereits seit 500 Jahren pflegt. Wasungen ist zugleich Fachwerkhausstadt (*Rathaus, Stift, Zweifelshof, Amtshaus, Weyenhof, Uttenhovensche Kemenate,* sämtlich 16./17. Jahrhundert). In **Walldorf** steht die besterhaltene Kirchenburg der Region, eine der 110 Thüringer Wehrkirchen.

### Sonneberg (34)

In und um Sonneberg wurden schon im 15. Jahrhundert Holzschnitzwaren hergestellt. Aber erst durch Nürnberger Kaufleute erlangten die »Dokken«, wie die ersten noch ungelenken Holzpuppen hießen, überregionale Beliebtheit. Als im Jahre 1806 das Pappmaché als Rohstoff Verbreitung fand, begann die serienmäßige Herstellung der Puppen, die bald in keiner »guten Stube« Deutschlands fehlten. Im *Spielzeugmuseum* (Beethovenstraße) ist Sonnebergs Aufstieg zu Deutschlands Puppen- und Spielzeugeldorado an Hand einer Vielzahl liebenswerter Ausstellungsstücke dargestellt. Auch Puppen und Spielzeug aus anderen Ländern und sogar Kontinenten sind zu finden. Am Markt künden die sehenswerten Häuser ehemaliger Puppenfabrikanten vom Wohlstand ihrer Besitzer. Vom Schloßberg hat man einen schönen Blick auf die Stadt und ihr landschaftlich äußerst reizvolles Umfeld.

## *Der besondere Reisetip*

Thüringen ist eine geschichtsträchtige Kulturlandschaft, deren einzigartige Sehenswürdigkeiten zu Spezialtouren Gelegenheit bieten.

### Auf den Spuren der Klassiker

Wie kein zweites Bundesland ist Thüringen reich an Klassiker-Erinnerungsstätten, meistenteils originalgetreu erhalten und von einem besonderen Flair. Hier wirkte Goethe fünfzig Jahre seines Lebens, war Schiller als Universitätslehrer und Dichter tätig, lebten Herder und Wieland. Überall wandelt man auf ihren Spuren. Wir empfehlen daher folgende Route: In Eisenach weilte Goethe gerne auf der Wartburg und in der Stadt, in Gotha schätzte er die Kunstwerke von Schloß Friedenstein. In Erfurt, seiner »lieben Stadt«, die er »so oft durchschritten«, begegnete Goethe 1808 Napoleon; hier lehrte Wieland von 1769 bis 1772 an der Universität, bis ihn Anna Amalia als Prinzenerzieher nach Weimar holte. Weimar stieg in kurzer Zeit zum Zentrum der deutschen Klassik auf: 1775 folgte Goethe in die Stadt an der Ilm, 1776 holte er Herder nach, 1799 kam Schiller, der seit 1789 in Jena lehrte und lebte. Weimar hütet alle Lebens- und Wirkungsstätten des »Vierergestirns«, ergänzt durch moderne Museen und Forschungseinrichtungen. In Oßmannstedt lebte Wieland von 1797 bis zu seinem Tode 1803, dort befindet sich auch sein Grab. Goethestätten gibt es weitere in Großkochberg (Schloß der Charlotte von Stein), Dornburg (Schlösser), Jena (Inspektorhaus), sowie in Ilmenau und Umgebung (Goethewanderweg). Schillergedenkstätten finden sich in Weimar (Schillerhaus mit Museum), Jena (Gedenkstätte Schillerhaus), Bauerbach (Gedenkstätte im Wolzogenschen Haus), Erfurt (Erinnerungsstätte Lange Brücke 37) und in Rudolstadt (Lengefeldsches Haus, Museum in Schloß Heidecksburg).

### Lutherstraße

Aus Thüringen kamen »die Luthers«, hier reifte Martin Luther zum Reformator heran. Möhra, 8 Kilometer nördlich von Bad Salzungen, ist der Herkunftsort der Familie Luthers, über die ihr berühmtester Sproß meinte: sein Geschlecht »nehme fast die ganze Gegend ein«. In Eisenach ging Luther auf die Lateinschule, im Lutherhaus wohnte er (Gedenkstätte), auf der Wartburg fand er als »Junker Jörg« vor der Reichsacht sicheres Asyl (Lutherstübchen), bei Altenstein fand seine vorgetäuschte Gefangennahme statt (Gedenkstein). In Erfurt besuchte er von 1501 bis 1505 die Universität, nach dem legendenumwobenen Zwischenfall bei Stotternheim (Gedenkstein) beschloß er, »ein Mönch zu werden« und trat am 17. Juli 1505 in das Erfurter Augustinerkloster ein (Klosterzelle Luthers). 1507 wurde er im Erfurter Mariendom zum Priester geweiht. In Schmalkalden beteiligte er sich 1537 an den Beratungen des Schmalkaldischen Bundes. Jenseits der Thüringer Landesgrenze, in Eisleben, ist Luthers Geburtshaus und Sterbehaus zu besichtigen, in Sachsen-Anhalt liegt Wittenberg, wo Luther seine berühmten 95 Thesen an das Tor der Schloßkirche schlug.

### Musikerstraße

Zahlreiche Mitglieder der vielköpfigen Familie Bach wirkten in Thüringer Städten. In Eisenach wurde Johann Sebastian Bach geboren (Gedenkstätte), in Ohrdruf ging er auf die Lateinschule, in Mühlhausen, Arnstadt, Weimar wirkte er als Organist, in Dornheim bei Arnstadt wurde er getraut. Bachgedenkstätten gibt es außer in Eisenach auch in Arnstadt und Mühlhausen. Meiningen besaß Ende des 19. Jahrhunderts den Ruf einer wegweisenden Musik- und Theaterstadt (Museum). Weimar erfuhr durch das Wirken von Franz Liszt sein »Silbernes Zeitalter« (Gedenkstätte); Richard Wagner schließlich machte Eisenach und die Wartburg durch sein Opernschaffen populär (Gedenkstätte in Eisenach).

### Rennsteig-Wanderweg

Auch für Naturfreunde hält Thüringen etwas Einmaliges bereit: einen der schönsten Höhenwanderwege Europas. Der »Rennsteig«, ein uralter Kurierpfad, führt über 160 Kilometer Länge über den Kamm des Thüringer Waldes und Thüringischen Schiefergebirges. Er bietet in 800 bis 900 Meter Höhenlage herrliche Ausblicke ins Thüringer Land, markierte Grenzsteine weisen den Weg.

**Auskünfte** zu den empfohlenen Routen erteilt der Thüringer Landesfremdenverkehrsverband, Stauffenbergallee 18, 99085 Erfurt, Tel. 03 61/60 22 34.

*Flußlandschaft an der Saale.*

# Register

*Kursive Ziffern verweisen auf Abbildungen.*

**Personenregister**



**Orts- und Sachregister**

**Bildnachweis:**
Bildarchiv Preußischer Kulturbesitz, Berlin: Seite 124.
Axel M. Mosler, Dortmund: Seite 126, 127, 130 oben, 133, 134 oben, 134 unten links, 135, 136, 137 links, 137 rechts, 138 oben, 138 unten, 139.
Sächsische Landesbibliothek, Dresden: Seite 125 rechts.
Ullstein Bilderdienst, Berlin: Seite 129, 132.
Alle übrigen Aufnahmen stammen von Heinz Wohner, Dortmund.

Die Karte auf Seite 120 zeichnete Astrid Fischer-Leitl, München.

**Impressum**
Herstellung: Kristina Kaiser
Lektorat: Cornelia Fischer, G. Sona Hähnel
Satz: OK-Satz, Unterschleißheim
Reproduktionen: Lana Repro, Lana
Druck und Bindung: Mohndruck, Gütersloh




Printed in Germany
ISBN 3-517-01435-4

SÜDWEST FAMILIEN-REISEN

# »sehen & erleben« vor und nach der Reise

Die »sehen & erleben«-Buchreihe umfaßt 43 attraktive Reise-Bildbände. Das bebilderte Inhaltsverzeichnis bringt bereits erste Informationen. In dem einführenden Essay wird das Reiseziel lebendig vorgestellt. Neben allen wichtigen Informationen enthält der anschließende aktuelle Reiseteil mit zahlreichen Fotos auch Tips zur individuellen Reiseplanung.

Jeder Band 144 Seiten, ca. 115 Farb- und ca. 30 sw-Abb., Farbkarte, Register. Gebunden mit Schutzumschlag.

Gerhard P. Müller
Alois Fink
ALGARVE

Gregor M. Schmid
Manfred Pielmeier
ALLGÄU

Ursula Pfistermeister
ANDALUSIEN

Ernst Wrba
Klaus Viedebantt
AUSTRALIEN

Gerhard P. Müller
Niklaus Schmid
BALEAREN

Reinhard Eisele
Mathias Fiedler
BALI

Raimund Kutter
Gabriele Greindl
BAYERISCHER WALD

Gerd Schnürer
Ernst Dahlke
BERLIN

Werner Neumeister
Jürgen Geitner
Ernst Dahlke
BRANDENBURG

Hermann Schreiber
Heinz Wohner
BRETAGNE

Ernst Wrba
Georg Schreiber
BURGENLAND

Wolfgang Vahl
Hermann Schreiber
BURGUND

Michael Herzog
Sara Meyer
*COSTA RICA

Martin Thomas
Hermann Schreiber
CÔTE D'AZUR

Sven Grope
Norbert Ney
DÄNEMARK

Ernst Wrba
Christoph Sahner
FLORIDA

Ursula Pfistermeister
FRANKEN

Sammy Minkoff
Klaus Viedebantt
HAWAII

Reinhard Eisele
KALIFORNIEN

Emanuel Gronau
Walter Plassmann
DIE KANARISCHEN INSELN

Emanuel Gronau
Walter Plassmann
KATALONIEN

Ursula Pfistermeister
KORSIKA

Wolfgang Vahl
Ernst Fahmüller
KRETA

Gerhard Rauchwetter
MALAYSIA

Xiao Hui Wang
Hans-Peter Rasp
MÜNCHEN

Sammy Minkoff
Klaus Viedebantt
NEUSEELAND

Ernst H. Ruth
Klaus Viedebantt
Werner W. Wille
*NEW YORK

Hubert Neuwirth
OBERBAYERN

Emanuel Gronau
Hans Pornbacher
PFAFFENWINKEL

Xiao Hui Wang
Miloslav Stingl
PRAG

Christoph Seeberger
Hermann Schreiber
PROVENCE

Klaus Gallas
RHODOS

Martin Thomas
Bene Benedikt
ROM

Jürgen Grambow
Gerhard P. Müller
RÜGEN

Xiao Hui Wang
Martin Menzel
SACHSEN

Sven Grope
Anne Leier
SCHLESWIG-HOLSTEIN

Hermann Schreiber
Christoph Seeberger
SCHLÖSSER DER LOIRE

Herbert Hartmann
SIZILIEN

Anton Frick
Heinrich Rauter
STEIERMARK

Ernst Hermann Ruth
Hubert Neuwirth
SÜDTIROL

Florian Werner
Günter Lauke
TESSIN

Heinz Wohner
Herbert Weißhuhn
Ingrid u. Lothar Burghoff
*THÜRINGEN

Raimund Kutter
Andreas Braun
TOSKANA

Gerhard Eisenschink
Thomas Jeier
USA – DER SÜDWESTEN

Hans Siwik
Marina Saslawskaja
*UKRAINE

Carl F. Panagl-Holbein
WIEN

Klaus Gallas
ZYPERN

* Durchgehend vierfarbig; erscheinen September '93

Stand: Mai 1993